A LÓGICA DO MERCADO DE AÇÕES

1500%

COMO OS INVESTIDORES PODEM GANHAR MAIS

JOHN R. NOFSINGER

REVISÃO TÉCNICA: GEORGE WACHSMANN & JAIRO PROCIANOY

EDITORA
Fundamento
EDUCACIONAL

2011, Editora Fundamento Educacional Ltda.

Editor e edição de texto: Editora Fundamento
Capa e editoração eletrônica: Onirius Comunicação
CTP e impressão: Avenida Gráfica e Editora Ltda.
Tradução: Priscila Kosop Soares

Produzido originalmente por Pearson Education
Copyright © John R. Nofsinger 2005, 2002

Dados Internacionais de Catalogação na Publicação (CIP)
(Câmara Brasileira do Livro, SP, Brasil)

Nofsinger, John R.
    A lógica do mercado de ações/ John R. Nofsinger ; [versão brasileira da editora]; 2º ed. - São Paulo, SP: Editora Fundamento Educacional, 2011.

    Título original : The psychology of investing

    1. Investimentos 2. Investimentos - Aspectos psicológicos I. Título.

10-02982   CDD-332.6019

Índices para catálogo sistemático
1. Investimentos : Aspectos psicológicos : Economia financeira 332.6019
2. Psicologia do investimento : Economia financeira 332.6019

Fundação Biblioteca Nacional

Depósito legal na Biblioteca Nacional, conforme Decreto n.º 1.825, de dezembro de 1907.
Todos os direitos reservados no Brasil por Editora Fundamento Educacional Ltda.

Impresso no Brasil

Telefone: (41) 3015 9700
E-mail: info@editorafundamento.com.br
Site: www.editorafundamento.com.br

Este livro foi impresso em papel cuchê fosco 115 g/m² e a capa em cartão supremo alta alvura 250 g/m².

Sumário

Capítulo 1 – Psicologia e finanças — 5
Uma ilustração simples | Previsões | Long term Capital Management (ITCM) | Finanças comportamentais | Fontes de erros cognitivos | O que esperar

Capítulo 2 – Excesso de confiança — 17
Como o excesso de confiança afeta as decisões dos investidores | Excesso de confiança e risco | Ilusão de conhecimento | Ilusão de controle | Negociação *on-line* | Negociação *on-line* e desempenho

Capítulo 3 – Satisfação e arrependimento — 33
Efeito da disposição | O efeito da disposição e a riqueza | Testes para evitar o arrependimento e buscar a satisfação | O mercado imobiliário | Vender prematuramente as ações em posições ganhadoras e manter por tempo demasiado as perdedoras | As notícias e o efeito da disposição | Pontos de referência

Capítulo 4 – Considerações sobre o passado — 48
Efeito *house-money* ou "dinheiro da banca" | Efeito aversão ao risco ou "picada de cobra" | Efeito "tentativa de sair empatado" | Efeito nos investidores | Efeito doação ou do *status quo* | Doação e investidores | Memória e tomada de decisão | Memória e decisões de investimento | Dissonância cognitiva | Dissonância cognitiva e investimentos | Resumo

Capítulo 5 – Contabilidade mental — 64
Cálculo do orçamento mental | Como relacionar custos a benefícios | Aversão a dívidas | Efeito do custo já incorrido (custos perdidos) | Impacto econômico | Contabilidade mental e investimento

Capítulo 6 – Formação de portfólios — 76
A moderna teoria de portfólio | Contabilidade mental e portfólios | Percepções sobre risco | Percepção do risco no mundo real | Como criar portfólios comportamentais | Diversificação ingênua | Planos de previdência

Capítulo 7 – Representatividade e familiaridade 90
Representatividade | Representatividade e investimentos | Familiaridade | Familiaridade gera investimentos | Familiaridade gera problemas nos investimentos | Combinando o viés da familiaridade com o da representatividade

Capítulo 8 – Interação social e investimentos 105
E, por falar nisso... | Ambiente social | Clubes de investimentos | A mídia | Rapidez não é tudo | Efeito manada | O foco no curto prazo

Capítulo 9 – Emoção e decisões de investimento 120
Sentimentos e decisões | Sentimentos e finanças | Bolhas de preço no mercado | Resumo

Capítulo 10 – Autocontrole e tomada de decisões 135
Foco de curto prazo *versus* longo prazo | Autocontrole | Economias e autocontrole | Planos de aposentadoria americanos: 401(k) e IRA | Autocontrole e dividendos | Vencendo os vieses | Regras de bolso | Como usar os vieses em seu benefício

# 1

Psicologia e finanças

Tradicionalmente, uma educação formal em finanças rejeita a idéia de que a psicologia pessoal pode ser prejudicial na hora de tomar boas decisões de investimento. Nas últimas três décadas, a área de finanças se desenvolveu baseada nas suposições de que as pessoas:
- tomam decisões racionais;
- não são tendenciosas em suas previsões sobre o futuro.

Ao pressupor que as pessoas agem em favor de seus próprios interesses, a área tem criado algumas potentes ferramentas para os investidores. Por exemplo, eles podem usar a moderna teoria de portfólio para obter o maior retorno possível esperado, para qualquer que seja o nível de risco que possam tolerar. Modelos de precificação, tais como o CAPM (Capital Asset Pricing Model – Determinação de Preços dos Ativos), a APT (Arbitrage Pricing Theory – Teoria da Precificação da Arbitragem) e a precificação de opções, podem ajudar a avaliar ativos e fornecer a percepção dos riscos e retornos esperados. Os textos sobre investimentos estão repletos dessas teorias bastante úteis.

Entretanto, os psicólogos sabem, há muito, que tais suposições não são corretas. As pessoas geralmente agem de uma maneira aparentemente irracional e cometem erros previsíveis em suas previsões.

A área de finanças tem se mostrado lenta em aceitar a possibilidade de que as decisões em economia podem ser presumivelmente tendenciosas. Os precursores das finanças comportamentais foram considerados hereges. No entanto, na última década, as evidências de que a psicologia e as emoções influenciam as decisões financeiras tornaram-se mais convincentes. Hoje, tais precursores já não são considerados hereges, mas visionários. Embora continuem as controvérsias sobre quando, como e por que a psicologia afeta os investimentos, muitos vêem, na concessão do prêmio Nobel de Economia em 2002 ao psicólogo Daniel Kahneman e ao economista experimental Vernon Smith, o reconhecimento que a área merecia.

Os economistas financeiros percebem, agora, que os investidores podem ser irracionais. Na verdade, seus erros previsíveis de decisão podem afetar a função dos mercados. Mais importante ainda, os erros de raciocínio das pessoas afetam sua forma de investir e, em última instância, sua riqueza. Mesmo aqueles que entendem as ferramentas modernas de investimento podem falhar como investidores se deixarem que os vieses psicológicos controlem suas decisões. A leitura deste livro permitirá:

- conhecer diversos vieses psicológicos que afetam a tomada de decisões;
- entender como estes afetam as decisões de investimento;
- ver de que forma tais decisões reduzem o patrimônio;
- aprender a reconhecer tais vieses e a evitá-los.

O restante deste capítulo mostrará que esses problemas psicológicos são reais. Os argumentos serão muito mais convincentes para quem participar das duas demonstrações a seguir.

UMA ILUSTRAÇÃO SIMPLES

Um exemplo dos erros de raciocínio causados pelo cérebro é a ilusão de ótica. Considerando a ilusão de ótica na Figura 1.1[1], qual das duas linhas horizontais parece mais longa?

Figura 1.1 – Ilusão de ótica

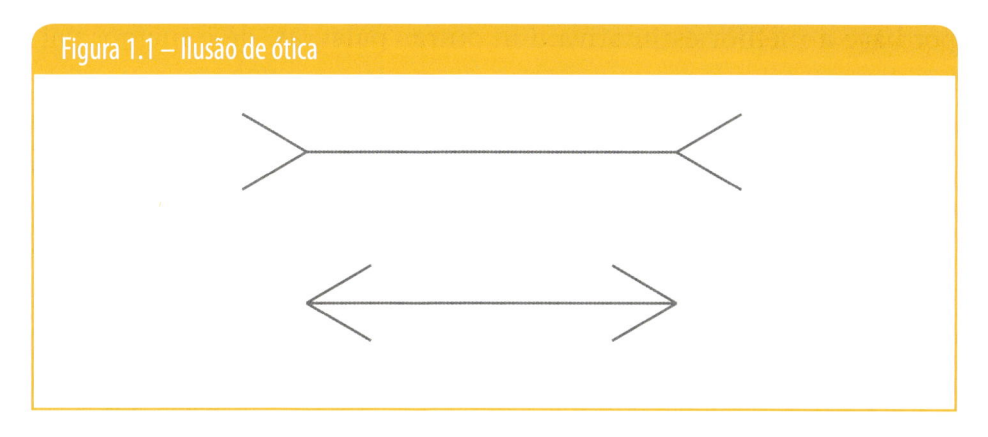

Na verdade, ambas têm o mesmo comprimento. Olhando-se novamente, apesar de saber agora que as linhas são iguais, a de cima ainda *parece* mais longa. O fato de ter conhecimento da ilusão de ótica não a elimina; porém, ao ter que tomar uma decisão baseada nessas linhas, o fato de saber que é uma ilusão ajuda a evitar o erro.

O cérebro não funciona como um computador. Normalmente processa as informações por meio de atalhos e filtros emocionais para reduzir o tempo de análise. A decisão resultante desse processo nem sempre é a mesma a que se chegaria sem tais filtros. Pode-se considerar os filtros e atalhos como vieses psicológicos. Conhecê-los é o primeiro passo para os evitá-los. Um problema comum é superestimar a precisão e a importância das informações. A demonstração a seguir ilustra o problema.

PREVISÕES

Não há dúvidas de que investir é difícil. É necessário tomar decisões baseadas em informações que podem ser inadequadas ou imprecisas. Além disso, é preciso entendê-las e analisá-las de maneira eficaz. Infelizmente, as pessoas cometem erros previsíveis em seus prognósticos.

Considere as 10 perguntas da Tabela 1.1[2]. Embora provavelmente desconheça as respostas, indique a variação mais provável, tomando por base a melhor estimativa. Em outras palavras, dê o melhor palpite para o valor menor e o maior, de modo a ter 90% de certeza de que a resposta correta se encontra nessa faixa. Não se deve atribuir um intervalo muito grande entre os valores como garantia de que a resposta fique dentro da faixa. Tampouco se deve limitá-la demais.

Tabela 1.1 – Atribuir uma variação (mínima e máxima) de forma a ter 90% de certeza de que o valor esteja contido dentro da faixa:

	Mín.	Máx.
1. Qual é o peso médio de uma baleia-azul adulta?		
2. Em que ano Leonardo da Vinci pintou a Mona Lisa?		
3. Quantos países independentes havia no final de 2000?		
4. Qual a distância aérea, em quilômetros, entre Paris e Sydney?		
5. Quantos ossos há no corpo humano?		
6. Quantos combatentes foram mortos na Primeira Guerra Mundial?		
7. Quantos livros havia na Biblioteca do Congresso Americano no final de 2000?		
8. Qual a extensão do Rio Amazonas?		
9. Qual a velocidade de rotação da Terra (em km/h) na altura da Linha do Equador?		
10. Quantos transistores há no processador Pentium III?		

Seguindo essas instruções para determinar os valores, deve-se obter 9 entre 10 acertos.

Quem não tem a mínima idéia das respostas deve atribuir uma variação grande para ter 90% de certeza. Por outro lado, quem acredita ter um bom palpite pode escolher uma faixa menor para chegar a 90%. Vejamos as respostas: (1) 113,4 t.; (2) 1513; (3) 191 países; (4) 16.964 km; (5) 206 ossos; (6) 8,3 milhões; (7) 18 milhões; (8) 6.436 km; (9) 1.680 km/h; (10) 9,5 milhões. Considere como acerto se a resposta estiver entre os valores mais baixos e mais altos. Quantas acertos foram obtidos?

A maioria das pessoas erra cinco ou mais. Porém, quem tem 90% de certeza em suas estimativas só deve ter um erro. O fato é que se fica muito confiante nas respostas, mesmo quando não se tem nenhuma informação sobre o assunto. Mesmo o conhecimento da teoria das probabilidades não ajuda. A maioria dos professores de finanças também erra, no mínimo, cinco respostas.

Essa demonstração ilustra o fato de que as pessoas têm dificuldade de avaliar a precisão de seus conhecimentos. Conhecendo a dificuldade, pode-se ter a chance de se redimir. Como este livro relaciona a psicologia ao investimento, convém analisar a pergunta:

Em 1896, o índice Dow Jones (DJIA – Dow Jones Industrial Average) estava em 40. No final de 1998, em 9.181. Esse índice é uma média ponderada dos preços, em que os dividendos são omitidos. Qual teria sido a média do DJIA no final de 1998 se os dividendos fossem reinvestidos ano após ano?

Observe que a Tabela 1.1 tem espaço para as estimativas mínimas e máximas. Aqui também é preciso ter 90% de certeza de que o valor correto está dentro da faixa escolhida.

E, se isso ocorrer, a resposta deve estar certa. Se os dividendos fossem reinvestidos no índice DJIA, a média no fim de 1998 teria sido de 652,230³. Isso surpreende? Em geral, sim. Mesmo sabendo que grande parte das pessoas escolhe uma faixa muito limitada em suas previsões, ao vivenciar o problema pela primeira vez, a maioria delas continua incorrendo no mesmo erro.

O exemplo também ilustra um outro aspecto da psicologia dos investidores, chamado de "ancoragem". Recebe esse nome, pois, ao ler a pergunta, a pessoa fixa, ou seja, "ancora" o pensamento no Dow Jones em 9.181, isto é, provavelmente a estimativa começa a partir dessa âncora. A seguir, tenta adicionar um valor apropriado para compensar os dividendos. Os investidores tomam por base seu preço de compra e o último preço máximo das ações.

LONG TERM CAPITAL MANAGEMENT (LTCM)

Até mesmo ganhadores do Prêmio Nobel em Economia estão sujeitos a superestimar a precisão de seus conhecimentos. Tomando como exemplo a situação embaraçosa do *hedge fund* Long term Capital Management: entre os sócios do fundo, estavam Jonh Meriwether, famoso *trader* de títulos da Salomon Brothers; David Mullins, antigo vice-presidente do Conselho do Federal Reserve (banco central americano); e dois Prêmio Nobel, Myron Scholes e Robert Merton. A empresa tinha 24 pessoas com doutorado.

O *hedge fund* começou em 1994, obtendo retornos astronômicos. No início de 1998, o LTCM tinha US$ 4 bilhões em capital próprio. Além disso, tomara emprestado US$ 100 bilhões para alavancar suas posições visando a retornos mais altos. Sua principal estratégia era encontrar oportunidades de arbitragem no mercado de títulos.

Em agosto de 1998, a Rússia desvalorizou sua moeda e deixou de honrar parte de sua dívida, o que, nas quatro semanas seguintes, desencadeou uma série de eventos que levaram a desvalorizações em muitos países emergentes. Despencaram os mercados de ações e de títulos no mundo todo, enquanto os preços dos títulos de dívida do Tesouro Americano disparavam em virtude da corrida dos investidores para investimentos mais seguros.

O valor total do portfólio do LTCM caiu de US$ 4 bilhões para US$ 0,6 bilhão em um mês. O Federal Reserve Bank teve medo de que uma chamada de margem contra o LTCM o forçasse a vender suas posições da ordem de US$ 100 bilhões. A venda dessas posições, numa situação tão precária de mercado, poderia precipitar uma crise que comprometeria o sistema financeiro. No fim de setembro, um consórcio dos grandes bancos comerciais e de investimentos injetou US$ 3,5 bilhões no Fundo em troca de 90% do patrimônio[4].

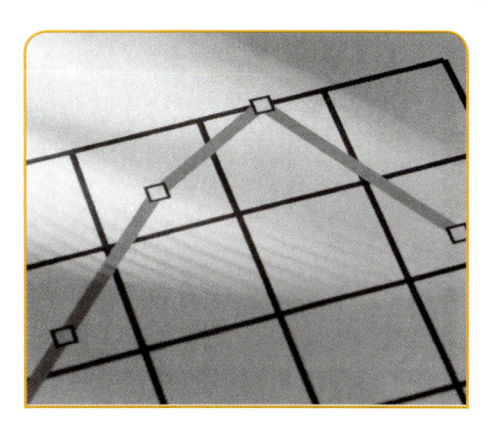

Como foi possível que um *hedge fund* com tanta capacidade intelectual perdesse 90% de seu patrimônio em um único mês? Aparentemente, ao desenvolver seus modelos, os sócios não imaginaram que tantas coisas dariam errado ao mesmo tempo. Ao que tudo indica, eles subdimensionaram o número de resultados possíveis, definindo uma faixa de resultados possíveis muito estreita.

FINANÇAS COMPORTAMENTAIS

Até mesmo as pessoas mais inteligentes são afetadas por vieses psicológicos, mas o fato era tido como irrelevante pela teoria clássica de finanças. Esta pressupõe que as pessoas são "racionais" e nos ensina como tais pessoas devem se comportar para maximizar seu patrimônio. Essas idéias deram origem às teorias de arbitragem, de portfólio, de precificação de ativos e de precificação de opções.

Por sua vez, as finanças comportamentais estudam a forma como as pessoas realmente se comportam em um ambiente financeiro[5]. Especificamente, estudam de que forma a psicologia afeta as decisões financeiras, as empresas e os mercados. Este livro aborda um subconjunto desses assuntos – o efeito desses vieses psicológicos sobre os investidores. Aqueles que realmente compreendem tais vieses poderão apreciar melhor as ferramentas tradicionais das finanças.

FONTES DE ERROS COGNITIVOS

Muitos dos comportamentos dos investidores são resultantes da *prospect theory* (*teoria das possibilidades*), que descreve como as pessoas estruturam e avaliam uma decisão que envolva incerteza[6]. Primeiro, os investidores estruturam as opções em termos de ganhos e perdas potenciais, relativas a um ponto de referência específico. Apesar de, aparentemente, se ancorarem em vários pontos de referência, o preço de compra parece ter importância. Segundo, os investidores avaliam os ganhos e as perdas de acordo com a função de utilidade em forma de "S", na Figura 1.2.

Observe alguns pontos sobre a função de valor da utilidade:

Primeiro: a função é côncava na parte dos ganhos. Os investidores se sentem satisfeitos (porque têm um valor de utilidade mais alto) quando ganham US$500. Eles têm satisfação ainda maior quando esse ganho é de US$1.000. Porém, isso não quer dizer que tal satisfação chegue a ser duas vezes maior.

Segundo: a função é convexa para perdas, isto é, sentem-se mal quando perdem. Mas, se perdem o dobro, a sensação de mal-estar não será duas vezes ruim.

Terceiro: a função é mais inclinada para perdas do que para ganhos. Essa assimetria entre ganhos e perdas leva a reações diferentes ao lidar com posições ganhadoras e perdedoras (ver Capítulo 3).

Um aspecto adicional da *prospect theory* é que as pessoas separam cada investimento para monitorar os ganhos e as perdas e reexaminar as posições periodicamente. Essas contas separadas são chamadas de *contabilidade mental*[7] (ver Capítulo 5). Essa análise individual de cada investimento – em vez da abordagem de portfólio – limita a capacidade do investidor de minimizar riscos e maximizar retornos (ver Capítulo 6).

Outra abordagem da psicologia de investimentos é categorizar os vieses comportamentais segundo sua origem[8]. Alguns erros cognitivos resultam da *auto-ilusão*, que ocorre porque as pessoas tendem a achar que são melhores do que realmente são. Essa auto-ilusão as ajuda a enganar os outros e, assim, sobreviver ao processo natural de seleção. Outra origem dos vieses é a *simplificação heurística*. Essa simplificação existe porque as limitações de recursos cognitivos (como memória, atenção e poder de processamento) forçam o cérebro a buscar atalhos nas análises complexas. A teoria das possibilidades é considerada um

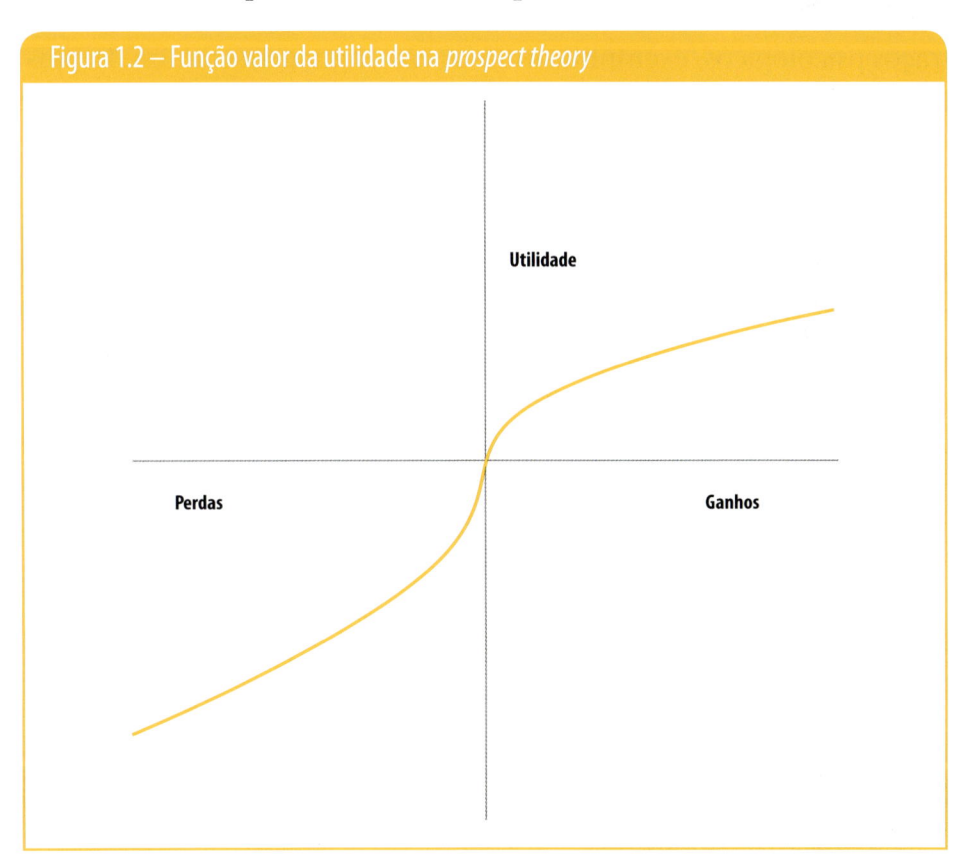

Figura 1.2 – Função valor da utilidade na *prospect theory*

resultado dessa simplificação heurística. Uma terceira origem dos vieses é o *humor* das pessoas, que chega a superar a razão.

A interação humana e o efeito dos pares no grupo também são importantes na tomada de decisões. Essa interação é a maneira pela qual as pessoas compartilham informações e demonstram seus sentimentos a respeito. As dicas obtidas sobre as opiniões e emoções dos outros influenciam a decisão das pessoas.

O QUE ESPERAR

Os próximos seis capítulos deste livro discutem os vieses psicológicos que afetam a vida das pessoas no dia-a-dia. Tais capítulos são estruturados de forma semelhante. Primeiro, identificam-se os traços psicológicos, exemplificando-os em linguagem comum. Depois é demonstrada, mediante resultados de pesquisas, a forma como os vieses afetam as pessoas. Por último, examina-se a extensão do impacto desses vieses nos investidores.

Os Capítulos 2, 3 e 4 apresentam o impacto das emoções na tomada de decisões sobre investimentos. Como se viu no exemplo anterior, as pessoas estipulam uma faixa de resultados possíveis muito estreita. Isso decorre do problema de auto-ilusão conhecido como *excesso de confiança*. Investidores excessivamente confiantes negociam demais, assumem muitos riscos e têm retornos menores. Esse tópico é discutido no Capítulo 2. O Capítulo 3 ilustra como a visão dos investidores sobre si próprios faz com que evitem o arrependimento e, em vez disso, busquem a satisfação. Conseqüentemente, vendem cedo demais as ações ou posições ganhadoras e seguram, por tempo demais, as posições com prejuízo. No final, esse mesmo capítulo demonstra que os fracassos e sucessos passados têm um impacto tremendo no processo atual de tomada de decisões. Na verdade, a lembrança do passado pode mudar com o tempo, amenizando o arrependimento pelos fracassos.

Os Capítulos 5, 6 e 7 demonstram como a simplificação heurística afeta os investidores. Por exemplo, todo dia somos bombardeados com informações. O cérebro usa um processo chamado de "contabilidade mental" para armazenar e monitorar decisões importantes e seus resultados. O Capítulo 5 mostra que as pessoas tomam decisões financeiras medíocres como conseqüência desse processo. No Capítulo 6, é discutida uma implicação particularmente importante: como os investidores vêem a diversificação do portfólio. O cérebro também usa atalhos para processar a informação rapidamente, e tais atalhos geram uma visão corrompida da informação. Isso traz os problemas de representatividade e familiaridade, que são discutidos no Capítulo 7.

Os últimos três capítulos são um pouco diferentes: o Capítulo 8 discute como os investimentos permeiam nossa cultura social. A interação entre psicologia, psicologia em grupo e investimentos pode contribuir para os exageros do mercado e as bolhas de preços. A Internet também interage com esses fatores, ampliando os vieses psicológicos. Isso é importante porque os investidores são influenciados pelas decisões tomadas à sua volta. O Capítulo 9 se concentra no papel das emoções e do humor no processo de tomada de decisões. Por último, o Capítulo 10 discute a dificuldade de manter o autocontrole frente aos vieses psicológicos. Planejamento, incentivos e regras práticas ajudam a evitar os problemas mais comuns. Além disso, há sugestões de estratégias para superar tais problemas.

Perguntas

1. Por que a suposição tradicional de que a tomada de decisões é algo racional faz sentido para os investidores?

2. Relacione quatro aspectos da teoria das possibilidades (*prospect theory*).

3. Descreva três origens de erros cognitivos além da *teoria das possibilidades*.

Notas finais

1. Esse é um exemplo antigo de psicologia. Porém, a ilusão é discutida em Daniel Kahneman e Mark Riepe, "Aspects of Investor Psychology", *Journal of Portfolio Management* (1998): 52-65.

2. Esse exercício é semelhante a um proposto por Edward Russo e Paul Shoemaker em *Decision Traps* (New York: Simon & Schuster, 1989) e a uma apresentação de Hersh Shefrin na reunião de 2000 da Financial Management Association, em Seattle, WA.

3. Essa análise é feita em Roger Clarke e Meir Statman, "The DJIA Crossed 652, 230", *Journal of Portfolio Management* (2000): 89-93.

4. Veja "All Bets are off: How the Salesmanship and Brainpower Failed at Long Term Capital", *Wall Street Journal*, 16 nov., 1998: A1.

5. Ver debate em Meir Statman, "Behavioral Finance: Past Battles and Future Engagements", *Financial Analysts Journal* (nov./dez. 1999): 18-27. Eu uso o termo " Finanças Tradicionais" e Meir usa o termo "Finanças-padrão".

6. Ver Daniel Kahneman e Amos Tversky, "Prospect Theory: an Analysis of Decision under Risk", *Econometrica* 46 (1979): 171-185.

7. Ver Richard Thaler, "Mental Accounting and Consumer Choice", *Marketing Science* 4 (1985): 199-214.

8. Ver David Hirshleifer, "Investor Psychology and Asset Pricing", *Journal of Finance* 56 (2001): 1533-597.

2

Excesso de confiança

As pessoas podem ter excesso de confiança. Os psicólogos chegaram à conclusão de que o excesso de confiança faz com que elas superestimem seus conhecimentos, subestimem os riscos e exagerem um pouco a sua capacidade de controlar os eventos. Ocorre excesso de confiança na hora de tomar decisões de investimentos? A seleção dos ativos é tarefa difícil. É nela, precisamente, que as pessoas mostram seu maior grau de excesso de confiança. E você, é superconfiante?

Pergunta: Você é um bom motorista? Comparando-se com os que encontra no trânsito, você está na média, acima ou abaixo dela?

Qual foi sua resposta? Se o excesso de confiança não estivesse em jogo, aproximadamente um terço responderia "acima da média", um terço diria "na média" e outro terço, "abaixo da média". Porém, as pessoas têm excesso de confiança em sua capacidade. Em um estudo, 82% dos universitários pesquisados se classificaram como motoristas acima da média[1]. É óbvio que muitos estão enganados, pois demonstraram excesso de confiança. Ter confiança em excesso quanto à sua destreza na direção talvez não seja um problema que afete sua vida.

Mas o excesso de confiança quanto às suas habilidades, de modo geral, pode afetar seu futuro financeiro.

Um exemplo voltado às finanças: começar um negócio é um investimento arriscado, e, de fato, a maioria dos novos negócios fracassa. Quando perguntaram a 2.994 donos de novos negócios sobre suas chances de sucesso, 70% disseram acreditar que seriam bem-sucedidos, mas somente 39% disseram que qualquer negócio como o seu teria as mesmas chances de sucesso[2]. Por que razão alguns novos empresários acreditam ter aproximadamente o dobro de chance de sucesso? Por puro excesso de confiança.

O interessante é que as pessoas têm mais excesso de confiança quando pensam ter controle do resultado, mesmo que isso não seja a realidade. Por exemplo, há provas de que, quando se pede a alguém para apostar em "cara ou coroa", a maioria aposta um valor maior se a moeda ainda não foi lançada. Se a moeda já foi lançada, mas o resultado não revelado, as pessoas apostam valores menores. Agem como se seu envolvimento, de alguma maneira, afetasse o resultado[3]. Nesse caso, o controle do resultado é claramente uma ilusão. Essa percepção ocorre também nos investimentos. Mesmo às escuras, as pessoas acreditam que suas ações terão um resultado melhor do que aquelas que não estão na sua carteira. Porém, a posse da ação meramente dá a ilusão de controle sobre seu desempenho.

Uma pesquisa da Gallup/Paine Webber com investidores individuais, no início de 2001, demonstrou esse excesso de confiança. Chamou a atenção o fato de muitos dos pesquisados terem tido algum resultado negativo recente, logo após o colapso da bolha das ações de tecnologia. Quando lhes perguntaram qual seria o retorno no mercado de ações nos doze meses seguintes, responderam, em média, 10,3%. Quando perguntaram quanto esperavam ganhar com seu portfólio, a resposta foi, em média, 11,7%. Em geral, os investidores sempre esperam retornos acima da média.

COMO O EXCESSO DE CONFIANÇA AFETA AS DECISÕES DOS INVESTIDORES

Investir é um processo difícil. Envolve coletar informações, analisá-las e, com base nisso, tomar uma decisão. Contudo, o excesso de confiança nos faz interpretar erroneamente a precisão das informações e superestimar nossa habilidade de analisá-las. Isso pode levar a decisões medíocres de investimento, que normalmente se manifestam em excesso de transações, assunção de maiores riscos e, ainda, prejuízos no portfólio.

Investidores superconfiantes compram e vendem excessivamente. Essa confiança exagerada aumenta o volume de transações, pois os leva a uma certeza obstinada de suas opiniões. As opiniões dos investidores decorrem de sua crença na precisão das informações que obtêm e de sua capacidade de interpretá-las. Em geral, superestimam a precisão das informações e se deixam influenciar pela interpretação que dão a elas[4]. Os investidores superconfiantes acreditam piamente em suas próprias opiniões e dão menos importância à opinião dos outros.

Os psicólogos descobriram que os homens são mais excessivamente confiantes do que as mulheres nas tarefas que parecem ser mais de domínio masculino, como administrar as finanças[5]. O mesmo acontece quando se trata de suas aptidões para tomar decisões de investimento. Portanto, os investidores do sexo masculino realizam mais transações do que os do sexo feminino.

Dois economistas, Brad Barber e Terrance Odean, estudaram o comportamento nas operações financeiras de quase 38 mil famílias através de uma grande corretora de valores, entre 1991 e 1997[6]. Analisaram o nível de transações nas contas de corretagem pertencentes a homens e a mulheres, solteiros e casados. Uma medida comum para esse nível de transação é chamada de *turnover* ou *rotatividade*, que é a porcentagem das ações do portfólio que sofreram mudanças durante o ano. Por exemplo, uma rotatividade de 50% durante o ano é o equivalente a um investidor que vende metade das ações de um portfólio durante aquele ano e compra novas ações. De modo semelhante, uma rotatividade de 200% equivale a um investidor que, no período de um ano, vende todas as ações do portfólio para comprar outras; depois vende todas novamente, para comprar um terceiro lote.

O estudo mostra que homens solteiros são os que mais operações realizam. Como se vê na Figura 2.1, os solteiros fazem transações em um nível de 85% de rotatividade anual. Isso se equipara a uma rotatividade anual de 73% para os casados. Mulheres casadas e solteiras transacionam somente o equivalente a 53% e 51% de rotatividade anual, respectivamente. Isso é perfeitamente coerente com o excesso de confiança, ou seja, os investidores são mais excessivamente confiantes do que as investidoras, o que os leva a níveis mais altos de transações.

Por outro lado, é possível que os homens não tenham tanto excesso de confiança, mas que sejam, sim, mais bem informados.

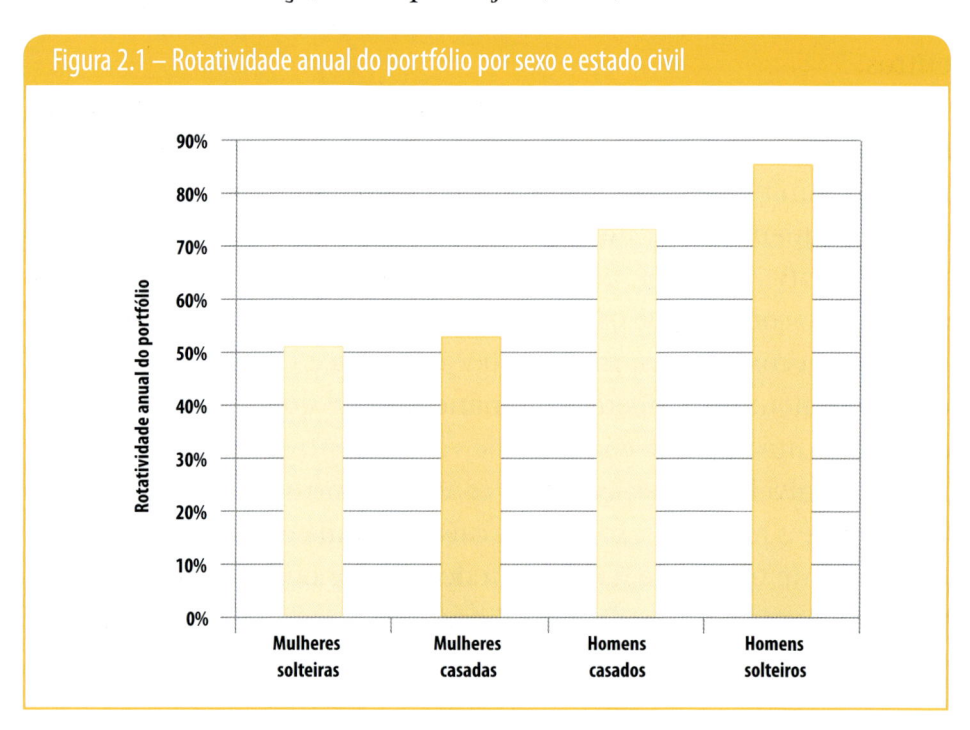

Figura 2.1 – Rotatividade anual do portfólio por sexo e estado civil

Quem realmente tem melhores informações e opera baseado nelas provavelmente terá retornos mais altos.

Em geral, os investidores superconfiantes negociam mais, mas será que alta rotatividade e maior número de transações são, necessariamente, práticas ruins? Barber e Odean também investigaram a questão[7]. Em uma amostragem de 78 mil contas familiares, no período de 1991 a 1996, eles estudaram a relação entre a rotatividade e o retorno sobre o portfólio. Considerando-se um investidor que recebe informações precisas e é altamente capaz de interpretá-las, sua alta freqüência de transações deve resultar em retornos mais altos graças a seu talento pessoal e à qualidade das informações. Na verdade, esses retornos precisam ser suficientemente elevados de modo a superar uma simples estratégia de *buy-and-hold* (compra e manutenção dos títulos) e, ao mesmo tempo, cobrir os custos de transação. Por outro lado, se o investidor não tiver um talento superior e estiver passando por uma fase de excessiva confiança, a alta freqüência de transações não trará retornos substanciais a ponto de superar a estratégia de *buy-and-hold* e cobrir os custos.

Primeiro, Barber e Odean determinaram o nível de transação dos investidores em suas amostras e os classificaram em cinco grupos. No grupo 1, colocaram os primeiros 20% que tinham a menor taxa de rotatividade. Em média, esse grupo apresentou uma taxa de rotatividade de 2,4% a.a. Os 20% de investidores com a segunda menor taxa de rotatividade foram colocados no grupo 2. Esse processo continuou até que os investidores com a mais alta taxa de rotatividade foram colocados no quinto e último grupo, o qual apresentou taxa de rotatividade de mais de 250% ao ano.

A Figura 2.2 mostra o retorno anual médio para cada um dos cinco grupos. Percebe-se que todos ganharam os mesmos 18,7% de retorno bruto, ao ano. Portanto, os investidores de alta rotatividade não tiveram retornos mais altos por seu esforço adicional. Contudo, paga-se corretagem pela compra e venda de ações, esta tem um efeito maior nos investidores que negociam de forma mais ativa, como ilustra a Figura. Os retornos líquidos, isto é, após os custos de corretagem, são muito mais baixos para o grupo de investidores de alta rotatividade. O retorno líquido para o grupo de rotatividade mais baixa é, em média, 18,5% ao ano, contra 11,4% para o grupo mais ativo.

A diferença líquida de 7% ao ano entre os grupos de rotatividade mais alta e mais baixa é bastante significativa. Por exemplo, se os investidores do grupo de menor rotatividade investem US$10 mil durante cinco anos, a 18,5% a.a., terão US$ 23.366. Se os do grupo de rotatividade mais alta investirem a mesma quantia a 11,4% ao ano, ganharão apenas US$ 17.156, uma diferença de mais de US$ 5 mil. As operações baseadas em confiança excessiva são um perigo quando se trata de acumular riqueza.

Os altos custos de corretagem não são os únicos problemas causados pelo excesso de negociação. Observou-se que a confiança em demasia leva a uma rotatividade muito intensa, bem como à compra

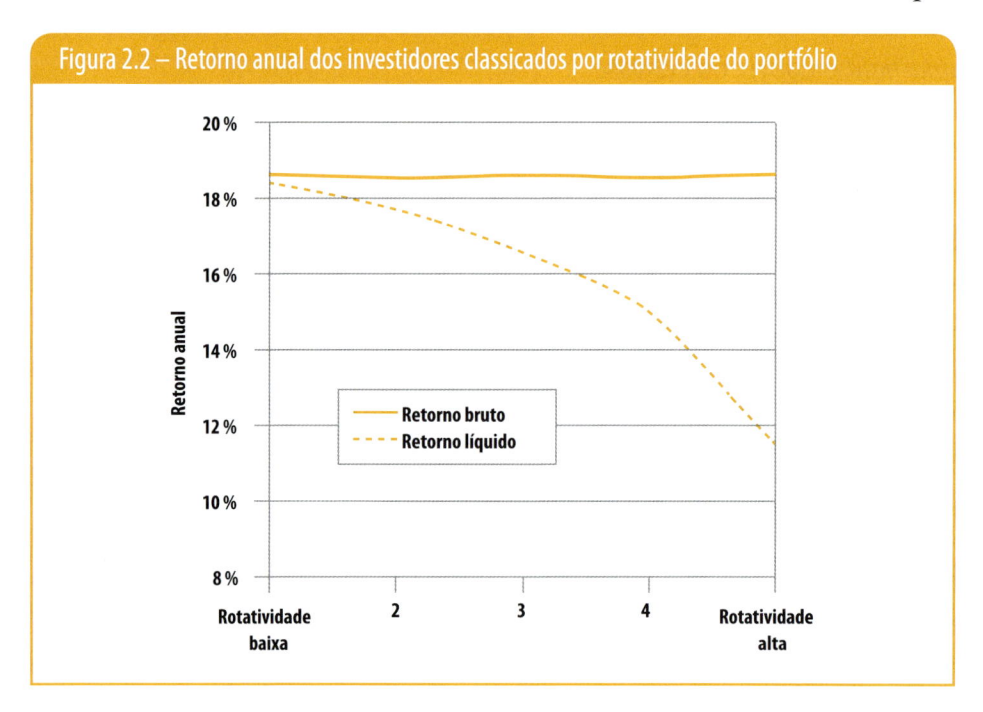

Figura 2.2 – Retorno anual dos investidores classicados por rotatividade do portfólio

de ações erradas. Barber e Odean limitaram sua análise a uma amostragem de contas de corretagem que tinham liquidações totais de uma ação, seguidas pela compra de outra ação diferente, em menos de três semanas. Depois, acompanharam o desempenho das ações vendidas e compradas durante quatro meses e, depois, durante um ano. Queriam determinar se vender a ação A e comprar a B, via de regra, era uma boa decisão. Aparentemente, não era. As ações vendidas renderam 2,6% durante os quatro meses seguintes, ao passo que as substitutas só renderam 0,11%. No prazo de um ano, as ações vendidas superaram em 5,8% as compradas[8]. O excesso de confiança não apenas leva a se transacionar em demasia e a "torrar" o dinheiro em corretagem, mas pode também fazer com que se venda uma ação com bom rendimento para comprar uma pior.

EXCESSO DE CONFIANÇA E RISCO

O excesso de confiança também afeta a propensão dos investidores para assumirem riscos. Os investidores racionais tentam maximizar os retornos e minimizar os riscos, porém aqueles com excesso de confiança subestimam o nível de risco que assumem. Afinal, se é certo que as ações escolhidas terão um retorno alto, onde estaria o risco?

Os portfólios dos investidores excessivamente confiantes correm um risco maior por dois motivos. O primeiro é a própria tendência de comprar ações de alto risco, geralmente de companhias menores e mais novas; o segundo, a tendência de concentrar o portfólio.

O risco predominante pode ser medido de várias maneiras: pela volatilidade do portfólio, pelo beta ou pelo porte das empresas incluídas nessa carteira. A volatilidade do portfólio mede o tamanho das variações dos retornos em relação à média. As carteiras de alta volatilidade mostram enormes variações de preço, que, por sua vez, indicam baixa diversificação. O beta é uma variável normalmente usada em investimentos para medir o grau de risco de uma ação;

mede o quanto uma carteira muda frente ao movimento do mercado de ações. Um beta de 1 indica que a carteira acompanha o movimento do mercado bem de perto; um beta mais alto indica que o título tem mais risco e mostrará uma maior volatilidade do que o mercado de ações em geral.

Os estudos de Barber e Odean mostram que os investidores com excesso de confiança assumem mais riscos. Os pesquisadores identificaram que os solteiros têm as carteiras de ações com maior risco, seguidos pelos casados, mulheres casadas e mulheres solteiras. Isto é, os portfólios dos solteiros têm volatilidade e beta mais altos e tendem a incluir ações de empresas de menor porte. Dos cinco grupos classificados por rotatividade, o de investidores mais ativos compra ações de empresas menores e com betas mais altos do que as ações do grupo de menor rotatividade. De modo geral, investidores com excesso de confiança pensam que suas decisões são menos arriscadas do que geralmente são.

ILUSÃO DE CONHECIMENTO

De onde provém o excesso de confiança? Em parte, da ilusão do conhecimento. Isso se refere à tendência das pessoas de acreditar que a precisão de suas previsões aumenta à medida que adquirem mais informações. Em outras palavras, quanto mais informações, mais conhecimentos e, conseqüentemente, maior poder de decisão[9]. Porém, nem sempre é assim. Por exemplo, ao jogar um dado não viciado, que número deve sair? Quão certos estamos desse resultado? É claro que se pode escolher qualquer número de 1 a 6, tendo-se 1/6 de chance de acertar. Mas, se nas últimas três rodadas tiver saído o número 4 e jogarmos o dado de novo, que número sairá? Que chance temos de acertar? Se o dado não for viciado, ainda assim podemos escolher qualquer número de 1 a 6 e ter 1/6 de chance de acertar. A informação adicional não aumenta a capacidade de prever o resultado, porém muitos acreditam que o número 4 tem mais chances (ou seja, superiores a 1/6) de sair de novo. Outros acreditam que o número 4 tem menos chance de sair outra vez. Essas pessoas pensam que suas chances de acerto são maiores do que realmente são. Isso significa que a nova informação torna as pessoas mais confiantes em suas previsões, mesmo se as suas chances de acerto não mudarem.

Com o uso da Internet, os investidores têm acesso a uma enorme quantidade de informações, que incluem dados históricos, tais como preços, retornos e desempenho operacional das empresas, bem como informações atuais, notícias, preços e volume, tudo em tempo real. O acesso às informações para investidores individuais é quase tão bom quanto o disponibilizado a profissionais. Contudo, a maioria das pessoas não tem o treinamento e a experiência dos profissionais, portanto tem menos condições de interpretar as informações. Em outras palavras, essa avalanche de informações não as capacita tanto quanto elas pensam, simplesmente por não terem o embasamento para interpretá-las.

Muitos desses investidores individuais conhecem suas limitações e, por isso, lançam mão da Internet como ferramenta de ajuda. Podem obter recomendações de analistas, fazer assinatura de um serviço de especialistas, participar de um grupo de discussão e conhecer outras opiniões em salas de bate-papo e matérias na rede. No entanto, quem investe *on-line* deve usar com cautela informações adquiridas nas salas de bate-papo: nem todas as recomendações provêm de especialistas. Na verdade, há bem poucas de fonte segura. Um estudo recente examina as ações recomendadas em mensagens publicadas em dois grupos de discussão na Internet[10]. A maioria das ações em questão tiveram desempenho ótimo ou desempenho péssimo nos últimos tempos. As ações com ótimo desempenho no mês anterior foram recomendadas para compra (*momentum strategy* – estratégia de seguir o mercado). No mês seguinte, essas ações tiveram um desempenho abaixo do mercado de mais de 19%. Já as recomendações de compra com péssimo desempenho no mês anterior (estratégia de valor) superaram a média do mercado em mais de 25%, no mês seguinte. No todo, as ações recomendadas para compra não tiveram desempenho significantemente diferente do que o mercado em geral.

Constatou-se, em outro estudo, que as mensagens positivas publicadas no site ragingbull.com não estão associadas a retornos positivos no dia ou semana seguintes[11]. Entretanto, um número anormalmente grande de publicações está associado a um volume mais alto de transações. Tais estudos concluíram que as recomendações desses *sites* de ações, em geral, não contêm informações de valor. Contudo, se os investidores acreditarem que essas recomendações aumentaram seus conhecimentos, poderão ficar excessivamente confiantes em suas decisões de investimento. O aumento no volume de operações indica que isso pode ser verdade.

ILUSÃO DE CONTROLE

Outro fator psicológico importante é a ilusão de controle. É comum as pessoas acreditarem que têm controle sobre o resultado de eventos incontroláveis. Os principais fatores que aumentam essa ilusão são: escolha, seqüência de resultados, familiaridade com a tarefa, informações e envolvimento ativo[12]. Os investidores *on-line* freqüentemente têm contato com tais fatores

Escolha

Fazer uma escolha ativa induz ao controle. Por exemplo, quem escolhe seus próprios números de loteria acredita ter mais chance de ganhar do que quem recebe uma combinação de números já pronta.

Pelo fato de os corretores *on-line* não aconselharem os investidores, estes têm de fazer suas próprias escolhas quanto ao que (e quando) comprar ou vender.

Seqüência de resultados

A maneira como um resultado ocorre tem impacto na ilusão de controle. Os resultados iniciais positivos dão uma ilusão maior de controle do que os negativos. No fim da década de 1990, os investidores começaram a acessar a Internet e a controlar seus investimentos. Como as bolsas apresentaram um longo período em alta, é bem possível que eles tenham tido muitos resultados positivos.

Familiaridade com a tarefa

Quanto mais familiarizadas com uma tarefa, mais as pessoas se sentem no controle. Como veremos mais adiante neste capítulo, os investidores têm se familiarizado com os investimentos *on-line* e têm sido *traders* e participantes ativos nos serviços de informação pela Internet.

Informações

Quando se tem uma quantidade maior de informações, a ilusão de controle também aumenta. Já vimos quão grande é a avalanche de informações disponibilizadas pela Internet.

Envolvimento ativo

Quando uma pessoa participa ativamente em uma tarefa, o sentimento de estar no controle também é proporcionalmente maior. Investidores *on-line* têm alto percentual de participação no processo de investimentos. Quem usa "corretoras de desconto" (por exemplo, corretores *on-line*), que cobram taxas mais baixas, tem de conduzir seu próprio processo de tomada de decisões. Esses investidores obtêm e avaliam as informações, decidem comprar ou vender e fazem a colocação.

A Internet promove um envolvimento ainda mais ativo ao fornecer o meio para salas de bate-papo, quadros de mensagens e grupos de discussão. Empresas de serviços de investimentos na Internet, tais como Yahoo!, Motley Fool, Silicon Investor e The Raging Bull, patrocinam quadros de mensagens em seus *sites*, proporcionando aos investidores a troca de informações. Em geral, há quadros de mensagens para cada ação listada na Bolsa de Valores. Os usuários colocam uma mensagem sobre a empresa usando um pseudônimo ou, simplesmente, lêem as mensagens.

Sucessos passados

Adquire-se excesso de confiança com as experiências de sucesso. Se tomamos a decisão certa, atribuímos o resultado à capacidade e ao talento. Se, por outro lado, tomamos a decisão errada, acreditamos que foi por falta de sorte. Quanto mais sucesso a pessoa tem, mais crédito ela dá ao seu talento próprio, mesmo quando o fator sorte pesa muito.

Durante mercados em alta, investidores individuais atribuirão muito de seu sucesso à própria capacidade, tornando-se demasiadamente confiantes. Como conseqüência, atitudes relacionadas à confiança excessiva (como realizar grandes níveis de transações e assumir alto grau de risco) vão se tornar mais pronunciadas nos mercados em alta do que nos mercados em baixa[13].

Isso ficou patente no comportamento dos investidores durante a alta do mercado, no final da década de 1990, e no período de baixa que se seguiu. Enquanto o mercado estava "enfurecidamente" em alta, os investidores individuais compraram e venderam mais do que nunca. Além disso, alocaram parcelas maiores de seus ativos em ações, investiram em companhias de maior risco, chegando mesmo a alavancar suas posições usando mais margem, ou seja, tomando empréstimos[14]. Esse comportamento foi, pouco a pouco, sendo revertido à medida que o excesso de confiança do mercado em alta desaparecia, e o mercado em baixa ia se instalando.

Excesso de confiança

NEGOCIAÇÃO *ON-LINE*

Brad Barber e Terry Odean pesquisaram o comportamento de negociação de 1.607 investidores que passaram do sistema de negociação telefônica para o eletrônico em uma corretora do tipo *discount brokerage,* ou seja, corretoras que não oferecem orientações de investimento aos clientes e cobram taxas mais baixas[15]. Nos dois anos anteriores ao início das operações *on-line*, a média de rotatividade das carteiras era de cerca de 70%. Iniciadas as operações *on-line*, o movimento dos investidores pulou imediatamente para um *turnover* de 120%. Parte desse aumento foi transitório, porém a taxa de rotatividade dos investidores ainda era de 90% dois anos após o início das transações eletrônicas.

Outro estudo analisou o efeito da negociação pela Internet em planos americanos de previdência[16]. No total, 100 mil participantes de duas empresas tiveram a oportunidade de operar seus ativos investidos nos planos de previdência, através de um serviço na Internet. A vantagem de estudar essas transações é que, pelo fato de terem ocorrido com o capital de um plano de previdência para investidores qualificados, podia-se desconsiderar a necessidade de liquidez ou de compensação de prejuízos fiscais. Todas as transações podiam ser consideradas especulativas. A conclusão do estudo foi coerente com o panorama de negociações demasiadamente confiantes; descobriu-se que a freqüência de compra e venda dobrou e a rotatividade do portfólio aumentou 50%.

NEGOCIAÇÃO *ON-LINE* E DESEMPENHO

Barber e Odean também pesquisaram o desempenho dos investidores antes e depois de negociarem *on-line*. Antes de migrar para as transações eletrônicas, eles eram bem-sucedidos. Como ilustra a Figura 2.3, ganhavam quase 18% a.a., ou seja, tinham um retorno de 2,35% a mais do que o mercado de ações em geral. Porém, depois de passar para o sistema eletrônico, esses investidores tiveram uma redução nos retornos, chegando a uma média anual de apenas 12%. Isso representou um desempenho 3,5% abaixo do mercado.

O bom desempenho desses investidores, antes de negociar *on-line*, pode ter aumentado seu excesso de confiança devido à ilusão de controle causada pela seqüência de resultados. Esse excesso de confiança pode tê-los levado a optar pelo sistema de transação *on-line*. Infelizmente, transações pela Internet agravam o problema do excesso de confiança, induzindo a compras e vendas excessivas. Isso acaba levando à redução nos retornos.

Resumindo este capítulo: os investidores individuais podem sentir-se superconfiantes quanto à sua capacidade, conhecimentos e possibilidadess futuras. O excesso de confiança leva ao excesso de transações, que, por sua vez, reduz o retorno do portfólio. Esses retornos mais baixos resultam dos custos de corretagem associados à negociação muito ativa, e também da propensão à compra de ações com um desempenho inferior ao das ações vendidas. O excesso de confiança faz com que se assumam riscos maiores devido à concentração da carteira e à mania de investir em empresas pequenas, com betas mais altos. Por último, a tendência de usar corretoras *on-line* está deixando os investidores com um excesso de confiança jamais visto.

Excesso de confiança

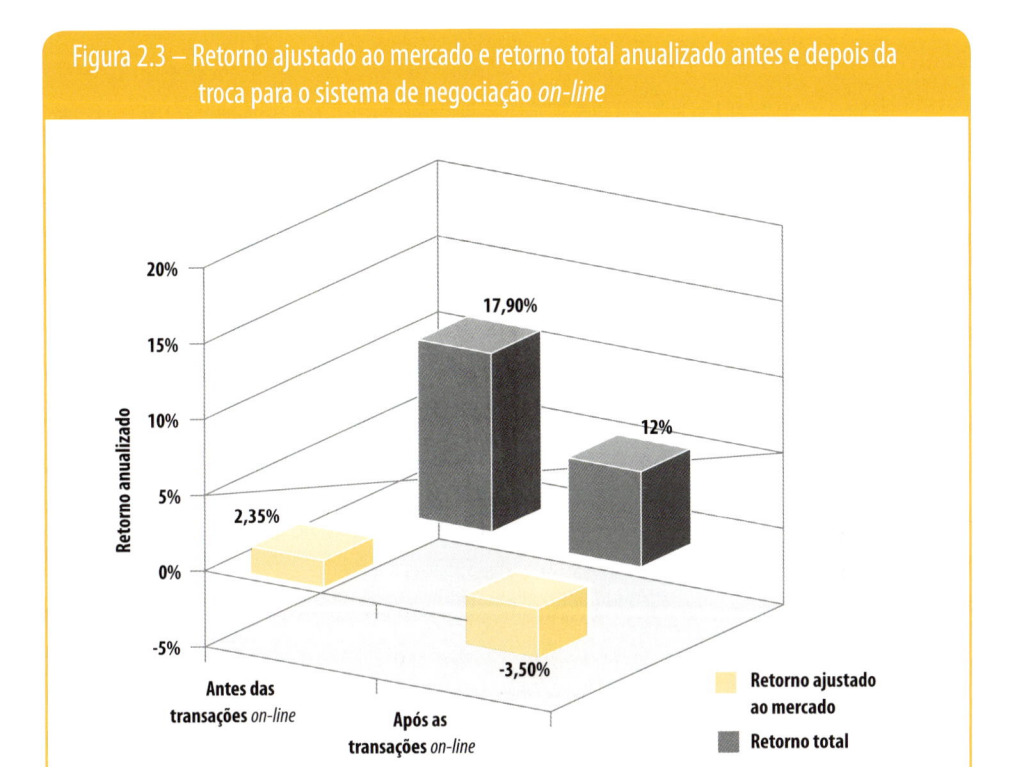

Figura 2.3 – Retorno ajustado ao mercado e retorno total anualizado antes e depois da troca para o sistema de negociação *on-line*

Retorno anualizado:
- Antes das transações *on-line*: Retorno ajustado ao mercado = 2,35%; Retorno total = 17,90%
- Após as transações *on-line*: Retorno ajustado ao mercado = -3,50%; Retorno total = 12%

Legenda:
- Retorno ajustado ao mercado
- Retorno total

Perguntas

1. É de se esperar que os investidores quem excessivamente confiantes em meio a um mercado em alta ou em baixa? Por quê?

2. Que mudanças teriam ocorrido no portfólio de um investidor de 1995 a 2000 se ele tivesse se tornado excessivamente confiante? Dê exemplos dos números e dos tipos de ação do portfólio.

3. Como a Internet consegue ludibriar os investidores fazendo-os crer que têm discernimento?

4. Comparando-se com uma corretora de serviços completos, de que forma o uso de uma corretora *on-line* pode criar uma ilusão de controle?

A Lógica do Mercado de Ações

Notas finais

1. Ola Svenson, "Are We All Less Risky and More Skillful than Our Fellow Drivers?", *Acta Psychologica* 47 (1981): 143-148.

2. Arnold C. Cooper, Carolyn Y. Woo e William C. Dunkelberg, "Entrepreneurs Perceived Chances for Success", *Journal of Business Venturing* 3 (1988): 97-108.

3. E. J. Langer, "The Illusion of Control", *Journal of Personality and Social Psychology* 32 (1975): 311-328.

4. Brad Barber e Terrance Odean, "The Courage of Misguided Convictions", *Financial Analysts Journal* (nov./dez. 1999): 41-55.

5. Sylvia Beyer e Edward Bowden, "Gender Differences in Self-Perceptions: Convergent Evidence from Three Measures of Accuracy and Bias", *Journal of Personality and Social Psychology* 59 (1997): 960-970. Ver também Melvin Prince, "Women, Men, and Money Styles", *Journal of Economic Psychology* 14 (1993): 175-182.

6. Brad Barber e Terrance Odean, "Boys Will Be Boys: Gender, Overconfidence, and Common Stock Investment", *Quarterly Journal of Economics* 116 (2001): 261-292.

7. Idem, "Trading is Hazardous to Your Wealth: The Common Stock Investment Performance of Individual Investors", *Journal of Finance* 55 (2000): 773-806.

8. Terrance Odean, "Do Investors Trade Too Much?", *American Economic Review* 89 (1999): 1279-1298.

9. Para discussão e teste de ilusão de conhecimento, ver Dane Peterson e Gordon Pitz, "Confidence, Uncertainty, and The Use of Information", *Journal of Experimental Psychology* 14 (1998): 85-92.

10. Michael Dewally, "Internet Investment Advice: Investing with a Rock of Salt", *Financial Analysts Journal* 59 (jul./ago. 2003): 65-77.

11. Rober Tumarkin e Robert F. Whitelaw, "News or Noise? Internet Postings and Stock Prices", *Financial Analysts Journal* (maio/jun. 2001): 41-51.

12. Paul Presson e Victor Benassi, "Illusion of Control: a Meta-analytic Review", *Journal of Social Behavior and Personality* 11 (1996): 493-510.

13. Simon Gervais e Terrance Odean, "Learning To Be Overconfident", *Review of Financial Studies* 14 (2001): 1-27. Ver também Kent Daniel, David Hirshleifer e Avanidhar Subrahmanyam, "Overconfidence, Arbitrage, and Equilibrium Asset Pricing", *Journal of Finance* 56 (2001): 921-965.

14. Brad Barber and Terrance Odean, "The Internet and The Investor", *Journal of Economic Perspectives* 15 (2001): 41-54.

15. Idem, "On-line Investors: Do the Slow Die First?", *Review of Financial Studies* 15 (2002): 455-487.

16. James Choi, David Laibson e Andrew Metrick, "How Does the Internet Increase Trading? Evidence From Investor Behavior in 401 (k) Plans", *Journal of Financial Economics* 64 (2002): 397-421.

3

Satisfação e arrependimento

As pessoas evitam atitudes que geram arrependimento e buscam as que causam satisfação. Arrependimento é a dor que surge quando se percebe que a decisão tomada não deu certo. Satisfação é a alegria de perceber que a decisão foi acertada.

Considere este exemplo de loteria[1]: uma pessoa vem jogando nos mesmos números semanalmente, há meses. Não é surpresa o fato de nunca ter ganhado. Um amigo sugere um novo conjunto de números. A pessoa aceita trocá-los?

Com certeza, a probabilidade de serem sorteados os números antigos é a mesma dos números novos. O exemplo tem duas possíveis fontes de arrependimento. A primeira, se a pessoa mantiver os números antigos e os novos forem sorteados. Isso é chamado de *arrependimento pela omissão* (por não ter agido). A segunda, se a pessoa trocar para os números novos e os antigos forem sorteados. O arrependimento por uma atitude tomada é o *arrependimento pela comissão* (por ter agido). Em qual dos casos a dor do arrependimento seria mais forte? Provavelmente no de ter trocado pelos números novos, pois há muito valor emocional nos números antigos, já que a pessoa vinha apostando neles há meses. O arrependimento pela comissão é geralmente mais doloroso do que o causado pela omissão.

EFEITO DA DISPOSIÇÃO

É fato que evitar o arrependimento e buscar a satisfação afeta o comportamento das pessoas. Mas de que maneira isso afeta as decisões de investimento? Dois economistas financeiros, Hersh Shefrin e Meir Statman, adaptaram esse comportamento psicológico aos investidores[2]. Eles demonstram que o medo do arrependimento e a busca pela satisfação tornam os investidores predispostos a vender cedo demais as ações que estão tendo bom desempenho e a ficar por muito tempo com as que não estão. É o que chamam de *efeito da disposição*.

Consideremos a situação de alguém que deseja investir em uma determinada ação, mas não tem liquidez e precisa vender uma posição para poder realizar a nova compra. Poderá vender uma destas duas: a ação A, que teve um retorno de 20% desde que foi comprada; ou a ação B, que caiu 20%. De qual das duas desfazer-se? A venda da ação A confirma a decisão inicial acertada de tê-la comprado e isso faria o investidor sentir-se satisfeito por ter lucrado. A venda da ação B com prejuízo significa perceber que a decisão de comprá-la foi errada. A pessoa sentiria a dor do arrependimento. O efeito da disposição prevê que essa pessoa venderá a ação A, que lhe deu lucro. Isso desencadeará na pessoa um sentimento de satisfação e evitará o arrependimento.

O EFEITO DA DISPOSIÇÃO E A RIQUEZA

Por que se considera um problema os investidores geralmente venderem as posições que dão lucro em vez das que não dão? Uma das razões está relacionada à legislação do imposto sobre a renda nos EUA. A tributação sobre os ganhos de capital faz com que a venda de ações em posições não lucrativas seja uma estratégia de maximização de riquezas. A venda de uma ação em posição ganhadora leva à realização de um ganho de capital e, conseqüentemente, ao pagamento de impostos. E estes reduzem o lucro. Por outro lado, a venda das ações em posição perdedora proporciona a redução dos impostos e, por conseguinte, a diminuição do prejuízo. Reconsiderando o exemplo acima, suponha que os ganhos de capital são tributados a uma alíquota de 20% (Tabela 3.1). Se as posições das ações A e B forem avaliadas em US$ 1 mil cada, o preço original de compra da ação A deve ter sido US$ 833 e o da B, US$ 1,25 mil.

Se a pessoa vende a ação A, recebe US$ 1 mil, mas paga US$ 33 de impostos; então, seus rendimentos líquidos são de US$ 967. Uma outra opção seria vender a ação B e receber US$ 1 mil, além de um crédito fiscal de US$ 50, a ser usado contra outros ganhos de capital. Portanto, os recursos líquidos são de US$ 1,05 mil. Se a alíquota de imposto for maior que 20% (como, nos EUA, no caso dos ganhos realizados no período de um ano a partir da compra da ação), a vantagem de vender as que estão em situação perdedora é ainda maior. O interessante é que o efeito da disposição prevê a venda das ações ganhadoras, embora a venda das que estão em posição perdedora seja uma estratégia de maximização de riquezas.

Tabela 3.1 – Ganhos de capital e tributação

Venda	Ação A	Ação B
Recursos obtidos com a venda	US$ 1.000	US$ 1.000
Base de cálculo	US$ 833	US$ 1.250
Ganhos tributáveis (prejuízo)	US$ 177	US$ 250
Imposto (crédito) de 20%	US$ 33	US$ 50
Recursos após os impostos	US$ 967	US$ 1.050

TESTES PARA EVITAR O ARREPENDIMENTO E BUSCAR A SATISFAÇÃO

Os investidores se comportam de maneira racional ao vender predominantemente ações em posições perdedoras, ou são afetados psicologicamente e tendem a vender as que estão em posições ganhadoras? Vários estudos comprovam que os investidores se comportam de uma maneira mais coerente com o efeito da disposição, ou seja, vendem as ganhadoras. Tais estudos geralmente classificam-se em duas categorias: os que pesquisam o mercado de ações e os que pesquisam as transações dos investidores.

Por exemplo, Stephan Ferris, Robert Haugen e Anil Makhija[3] pesquisaram o volume de negociações de ações após as mudanças de preço. Se investidores transacionam para maximizar a riqueza, então deveriam vender ações em queda e aproveitar os benefícios fiscais de compensação dos impostos; além disso, deveriam abster-se de vender ações em alta para evitar o pagamento de impostos. Portanto, o volume de transações deve ser alto para ações com prejuízo e baixo para ações com lucro. Os investidores também podem optar por evitar o arrependimento buscando a satisfação. Nesse caso, o esperado seria que mantivessem suas posições perdedoras e vendessem as ganhadoras. Assim sendo, manter um grande volume de ações em alta e um pequeno volume de ações em baixa é algo coerente com o efeito da disposição.

Ferris e seus colegas usaram uma metodologia que determina o nível normal de volume esperado para cada ação. Seus resultados podem ser interpretados como uma forma de volume anormal, isto é, um volume anormal negativo indica menos operações do que o normal, enquanto um volume anormal positivo indica mais operações do que o normal. Usando as 30 ações de menor valor da Bolsa de Nova York (*NYSE*) e da Bolsa de Valores Americana (*Amex*) entre dezembro de 1981 e janeiro de 1985, eles agruparam as ações em categorias baseadas no percentual de ganhos ou perdas nos diferentes momentos. Os resultados são apresentados na Figura 3.1.

Figura 3.1 – Volume de ações após perdas e ganhos

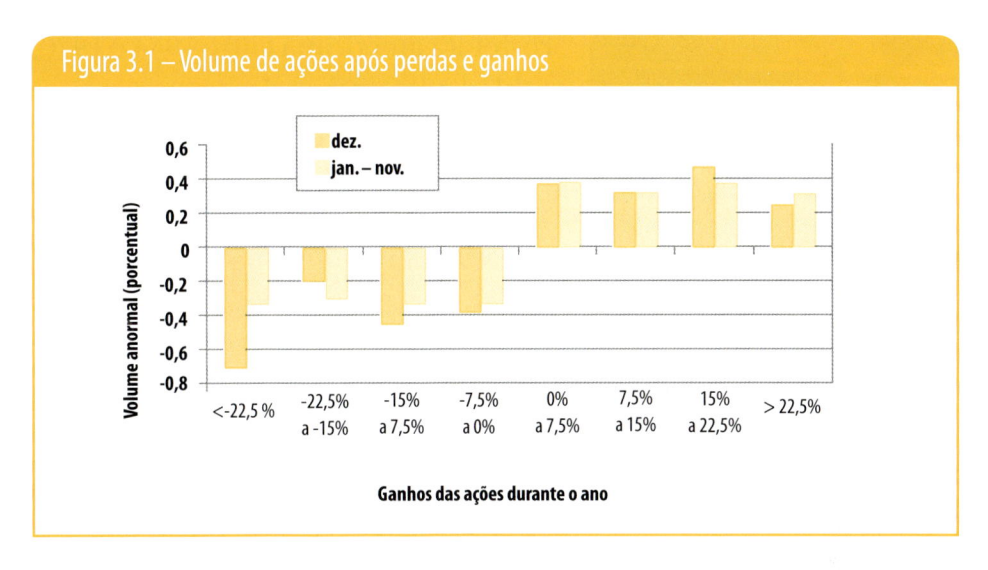

(Gráfico de barras: Volume anormal (porcentual) vs. Ganhos das ações durante o ano. Categorias: <-22,5%; -22,5% a -15%; -15% a -7,5%; -7,5% a 0%; 0% a 7,5%; 7,5% a 15%; 15% a 22,5%; >22,5%. Séries: dez. e jan.–nov.)

As ações com perdas superiores a 22,5% estão agrupadas na coluna da esquerda. A perda diminui em cada coluna, para a direita, até o meio do gráfico, ponto em que as ações registraram pequenas perdas ou ganhos. As ações na coluna mais à direita tiveram um ganho superior a 22,5%. Em geral, as ações com ganhos tiveram um volume positivo anormal, enquanto as ações em baixa tiveram um volume negativo anormal. Esse resultado de volumes maiores nas ações com ganhos e menores nas ações com prejuízos corrobora o efeito da disposição.

Essa análise de volume foi feita em dois momentos diferentes: em dezembro e no período correspondente aos demais meses do ano, pois é no mês de dezembro que as pessoas ficam mais alertas aos benefícios fiscais da venda de posições perdedoras para obter vantagens fiscais. Portanto, ao que tudo indica, os investidores estão mais propensos a pôr em prática a estratégia de maximização de riquezas em dezembro do que nos outros meses. Entretanto, a Figura 3.1 demonstra que os investidores evitam o arrependimento e buscam satisfação tanto em dezembro quanto no resto do ano.

Outros estudos analisaram as transações e carteiras de investidores individuais. Em um estudo anterior, com as operações de uma corretora americana entre 1964 e 1970, Schlarbaum e seus colegas examinaram 75 mil *round-trip trades*, ou seja, transações completas de compra e venda[4]. Uma transação completa compreende desde a compra de uma ação até a sua venda, encerrando a posição original.

Eles pesquisaram por quanto tempo cada ação foi mantida e qual o retorno recebido. Em que situação os investidores são mais rápidos em zerar uma posição: ao sofrer uma perda ou um ganho? Considerando-se o comportamento implícito pelo efeito da disposição: quem compra uma ação que sobe rapidamente está mais propenso a vendê-la logo. No entanto, quem compra uma ação que cai, ou se mantém constante, tende a mantê-la na esperança de que suba. Por conseguinte, as ações mantidas por pouco tempo tendem a ser ganhadoras, ao passo que as que são mantidas por mais tempo provavelmente terão menos sucesso. A Figura 3.2 mostra o retorno médio anualizado em uma posição mantida pelos seguintes períodos: menos de um mês, de um a seis meses, de seis a doze meses, e superior a um ano. A tabela demonstra que os investidores são rápidos em perceber seus ganhos. O retorno médio anualizado para ações compradas e vendidas dentro de um mês foi de 45%. Os retornos para ações mantidas por um a seis meses, seis a 12 meses e mais de um ano foram de 7,8%, 5,1% e 4,5% respectivamente. Parece que os investidores são rápidos na venda das ações em posições ganhadoras.

Em um exemplo mais recente, Terrance Odean estudou as transações de 10 mil contas de clientes de uma *discount brokerage* norte-americana, entre 1987 e 1993[5]. Em cada venda, Odean calculou o montante de ganhos e perdas não realizados que o investidor tinha em seu portfólio. Se um investidor tivesse vendido uma posição ganhadora, Odean calculava o ganho com a ação e dividia pelo ganho total não realizado. O resultado é a proporção de ganhos totais realizados com a venda da ação. Mas, se o investidor tivesse vendido uma perdedora, Odean computava a proporção das perdas totais realizadas. Ele constatou que, quando os investidores vendem posições ganhadoras, a venda representa 23% dos ganhos totais de sua carteira. Por outro lado, quando vendem uma posição perdedora, a venda representa somente 15,5% das perdas não realizadas em sua carteira. Na média, os investidores têm 50% a mais de probabilidade de vender uma ação que dá lucro do que uma ação que dá prejuízo.

Como teste adicional do efeito da disposição, Mark Grinblatt e Matti Keloharju estudaram todas as transações dos investidores na Finlândia, durante 1995 e 1996[6]. Eles observaram que, quando ocorria um alto retorno positivo na semana anterior, aumentava significativamente a propensão do investidor para vender a ação. É interessante notar que isso se aplica a qualquer nível de sofisticação dos investidores, sejam eles pessoas físicas ou grupos de investidores institucionais. Por outro lado, uma grande queda no preço aumenta significativamente a probabilidade de o investidor manter a ação na carteira. Os pesquisadores também observaram que, quanto mais recente fosse o ganho ou a perda com a ação (comparando a semana anterior com o mês anterior), mais forte era a propensão para vender as ganhadoras e manter as perdedoras.

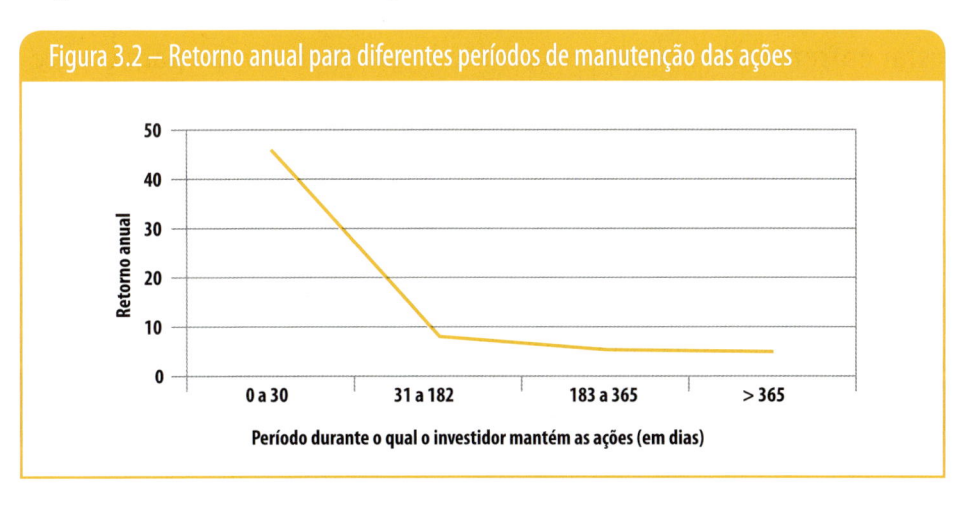

Figura 3.2 – Retorno anual para diferentes períodos de manutenção das ações

O MERCADO IMOBILIÁRIO

O mercado imobiliário serve também de exemplo da aversão à venda de ações em posições perdedoras. Assim como o mercado acionário, os preços dos ativos imobiliários também experimentam mercados em alta e em baixa. Houve vários períodos em que os proprietários de imóveis residenciais viam o valor destes aumentar ou diminuir drasticamente. Por exemplo, entre 1982 e 1989, os preços dos imóveis residenciais em Boston aumentaram cerca de 170%; nos quatro anos seguintes, caíram 40%.

Quem comprasse um imóvel residencial próximo ao pico do mercado e quisesse vendê-lo alguns anos mais tarde, após o declínio, estaria diante de uma perda potencial. Devido à aversão pela perda, os proprietários de imóveis residenciais talvez não estivessem dispostos a aceitar os preços do mercado em um período em baixa. Um exemplo: um vendedor comprou uma casa há muitos anos e ainda consegue ter lucro com os preços atuais; outro comprou um imóvel pouco antes da queda nos preços e, para se desfazer da casa, tem que vender com prejuízo. Esse vendedor enfrenta a dor do arrependimento.

Um estudo sobre o mercado imobiliário de Boston mostra que o vendedor que enfrenta prejuízo tende a colocar a propriedade à venda com um ágio de 25% a 35%. Aquele que não enfrenta arrependimento pode pedir um preço mais realista. Quem quer vender com ágio por estar enfrentando perdas certamente levará mais tempo para concretizar a venda[7].

VENDER PREMATURAMENTE AS AÇÕES EM POSIÇÕES GANHADORAS E MANTER POR TEMPO DEMASIADO AS PERDEDORAS

O efeito da disposição não apenas prevê a venda das ações em posições ganhadoras, mas também sugere que estas são vendidas prematuramente, ao passo que as ações em posições perdedoras são mantidas por tempo demasiado. O que significam, para os investidores, essas duas formas de comportamento? A venda prematura das ganhadoras sugere que estas continuarão a dar lucro após a venda; já a manutenção das posições perdedoras indica que essas ações continuarão a ter mau desempenho.

Quando um investidor vendia uma posição ganhadora, Odean constatou que, no ano seguinte, essa ação geralmente superava o mercado em uma média de 2,35%[8]. Durante esse mesmo ano, as ações que estavam dando prejuízo e que eram mantidas geralmente tinham um desempenho 1,06% abaixo do mercado. Os investidores tendem a vender as ações que dão altos retornos e a manter as que dão retornos baixos.

O medo do arrependimento e a busca da satisfação dão prejuízo aos investidores de duas maneiras: primeiro, porque eles pagam mais impostos devido à disposição de vender as posições ganhadoras, em vez de vender as perdedoras. Segundo, porque têm um retorno menor em sua carteira por venderem prematuramente as que estão dando lucro e reterem as que têm – e continuarão a ter – mau desempenho.

Martin Weber e Colin Camerer desenvolveram um experimento de *trading* de ações para seus alunos[9]. Criaram seis "ações" para negociação e mostraram aos alunos os últimos três preços registrados por cada uma. Desenvolveram o experimento de modo que os preços das ações criassem uma provável tendência, isto é, as ações em alta provavelmente continuassem a subir e as em baixa, a cair. Mostraram aos alunos os preços potenciais de cada ação no futuro. Devido a esse modelo experimental, as ações em queda deveriam ser vendidas e as em alta deveriam ser mantidas (o oposto do efeito da disposição). Ao contrário da estratégia de maximização de riquezas, os alunos venderam um número menor de ações quando o preço estava abaixo do preço de compra do que quando estava acima. Isso demonstrou, de forma clara, o efeito da disposição.

AS NOTÍCIAS E O EFEITO DA DISPOSIÇÃO

Um estudo investigou todas as negociações de investidores individuais em 144 empresas da Bolsa de Valores de Nova York, no período entre novembro de 1990 e janeiro de 1991[10]. Especificamente, estudou-se a forma como os investidores reagem a notícias acerca das empresas e da economia. As notícias sobre a empresa afetam principalmente o preço de suas ações, ao passo que as notícias econômicas atingem todo o mercado. Boas notícias sobre uma empresa, que fazem subir o preço de suas ações, induzem os investidores a vendê-las (isto é, vendem as posições que estão dando lucro). No entanto, as más notícias sobre uma empresa não os induzem a vender suas ações (ou seja, eles mantêm as que estão dando prejuízo). Isso está de acordo com o comportamento de evitar o arrependimento e buscar a satisfação. Contudo, as notícias sobre a economia não induzem o investidor a comprar, tampouco a vender. Embora boas notícias econômicas façam subir os preços das ações e más notícias os façam cair, isso não faz os investidores individuais venderem suas posições. Na verdade, após boas notícias econômicas, há uma probabilidade bem menor de que eles vendam as ações em posições ganhadoras; e tais resultados não condizem com o efeito da disposição.

Isso ilustra uma característica interessante sobre o arrependimento. Quando têm prejuízo com uma ação, os investidores sentem um arrependimento maior se o prejuízo estiver relacionado a uma decisão sua. Mas, se puderem atribuir o prejuízo a razões fora de seu controle, seu arrependimento será menor[11]. Por exemplo, se a ação na carteira tem uma queda de preço quando o mercado acionário está em alta, o investidor fez uma escolha errada, portanto seu arrependimento é intenso. Porém, se a ação em questão registra uma queda de preço durante um período de queda generalizada no mercado, a situação foge ao seu controle, portanto o arrependimento é bem menos intenso. Suas atitudes são condizentes com o efeito da disposição, no caso de notícias sobre a empresa, porque o sentimento de arrependimento é intenso. No caso de notícias econômicas, o sentimento de arrependimento será menor porque o resultado estava fora de seu controle. Isso leva a atitudes não condizentes com as previsões do efeito da disposição.

PONTOS DE REFERÊNCIA

O prazer de ter lucros e a dor de ter prejuízos são poderosos motivadores do comportamento humano. Porém, às vezes, é difícil determinar se certas transações representaram lucro ou prejuízo. Por exemplo, Bob compra uma ação a US$ 50. No fim do ano, a ação está sendo negociada a US$ 100. Nessa mesma época, Bob reavalia suas posições de investimento para contabilizar seu patrimônio líquido, bem como monitorar o progresso para atingir seus objetivos financeiros. Seis meses mais tarde, Bob vende a ação por US$ 75, registrando um lucro de US$ 25. Mas esse lucro foi US$ 25 menor do que se tivesse vendido ao preço do fim do ano. Não há dúvida de que Bob teve um lucro de US$ 25 por ação, mas será que ele considera ter tido lucro ou prejuízo?

O problema está ligado a um ponto de referência, que, no caso, é o preço da ação comparado a seu preço atual, que é de US$ 75. Qual deve ser o ponto de referência: o preço de compra de US$ 50 ou o do fim do ano, de US$ 100? O ponto de referência escolhido pelo nosso cérebro é fator primordial, já que determina se sentimos o prazer pelo lucro ou a dor pelo prejuízo.

Os primeiros estudos sobre a psicologia dos investidores consideravam o preço da compra como ponto de referência. No entanto, para os investidores, o período em que contabilizam e registram na memória os seus investimentos é de 12 meses[12]. Se a compra foi feita há muito tempo, eles tendem a usar um ponto de referência mais recente.

Qual é o preço recente a ser usado como referência? Uma das possibilidades é usar a média dos preços ou o preço médio no ano anterior. Além disso, os meios de comunicação costumam informar as altas e baixas de preços nas últimas 52 semanas. Pesquisas recentes sugerem que os investidores usam o preço máximo das últimas 52 semanas como o seu ponto de referência.

Uma pesquisa interessante sobre o exercício de opções de ações, *stock options,* ilustra o ponto de referência[13]. Alguns funcionários de nível gerencial, nas grandes empresas, recebem opções como parte de sua remuneração. Essas opções geralmente são estruturadas de modo que o preço de exercício seja igual ao preço da ação quando da sua emissão. O funcionário não pode exercer as opções durante um período de vários anos (chamado de *vesting period* ou período de aquisição de direitos). Após tal prazo, poderá exercer as opções e receber a diferença entre o preço da ação à época e o preço da ação no exercício.

Há várias vantagens em estudar o exercício das opções pelo funcionário. A primeira é que os funcionários com direito a opções como parte de sua remuneração são normalmente os mais graduados. Outra vantagem é que tais opções têm uma data de vencimento, e os funcionários sabem que terão de exercê-las antes que expirem. Essa característica ajuda a minimizar qualquer viés prevalente (ou de *status quo*). A terceira: não há um ponto de referência nítido. As opções, em si, não têm preço. O seu preço de exercício é um ponto de referência importante, pois o preço da ação precisa estar acima do exercício para que haja lucro. Contudo, se o preço da ação estiver acima do preço de exercício após o vencimento do *vesting peirod*, que ponto de referência esse funcionário usará?

Ao que tudo indica, o ponto de referência mais provável de ser usado é o preço mais alto no ano anterior. Ao usar registros detalhados de 50 mil funcionários de sete empresas de grande porte, Chip Heath, Steven Huddart e Mark Lang constataram que o ritmo de exercício das opções praticamente dobra quando o preço da ação se move além da máxima das últimas 52 semanas. No caso dos funcionários que queiram exercer parte das opções, e o preço atual da ação for menor do que a máxima nas últimas 52 semanas, se usarem a máxima dos últimos 12 meses como referência, vão julgar que suas posições estão no prejuízo. Querendo evitar o arrependimento, esperam até que o preço das ações suba novamente, para atingir o ponto de equilíbrio. Quando o preço da ação atinge ou excede a máxima das últimas 52 semanas, é muito mais provável que os funcionários exerçam as opções por acreditar que a ação tenha superado o ponto de referência. Os pesquisadores demonstraram que o ritmo de exercício das opções aumenta quando o preço das ações supera um máximo histórico.

Em outro estudo de exercício de opções, Allen Poteshman e Vitaly Serbin constataram que alguns investidores, de modo irracional, exercem suas opções de ações prematuramente[14]. Apesar de o exercício prematuro das opções ser contrário à maximização da riqueza, esse comportamento irracional é ativado quando o preço-base da ação sobe acima do preço máximo nas últimas 52 semanas. Foram estudados outros possíveis pontos de referência (75%, 50% e 25% da máxima nas últimas 52 semanas), mas, ao que parece, a máxima nas últimas 52 semanas é a mais amplamente utilizada pelos investidores.

Na mente do investidor, o ponto de referência determina se uma posição está sendo lucrativa ou não, mas parece que os investidores atualizam periodicamente esse ponto, para refletir lucros não realizados. Voltando ao exemplo inicial, Bob provavelmente julga ter perdido dinheiro porque mudou seu ponto de referência para US$ 100 ao contabilizar tal preço em sua avaliação de fim de ano.

Resumindo o capítulo, as pessoas agem (ou deixam de agir) de modo a evitar o arrependimento e buscar a satisfação, o que faz investidores venderem suas ações em posições ganhadoras prematuramente e manterem por tempo demasiado as perdedoras. Esse comportamento prejudica seu patrimônio de duas maneiras: primeiro, porque pagam mais impostos sobre ganhos de capital ao venderem as posições que estão dando lucro; segundo, porque têm um retorno menor pelo fato de as ganhadoras vendidas continuarem a ter bom desempenho, enquanto as posições perdedoras que mantêm na carteira continuam a ter mau desempenho.

Perguntas

1. Considere esta a afirmação: "Se o preço da ação subisse até pelo menos o que paguei, eu a venderia!" Descreva como os vieses apresentados neste capítulo influenciam a decisão do investidor.

2. De que maneira o número de ações mantidas no portfólio exerce impacto sobre o efeito da disposição?

3. Como o fato de o investidor ser induzido pelo efeito da disposição prejudica a riqueza dele?

Notas finais

1. Exemplo adaptado do trabalho de Roger G. Clarke, Stock Krase e Meir Statman, "Tracking Errors, Regret, and Tactical Asset Allocation", *Journal of Portfolio Management* 20 (1994): 16-24.

2. Hersh Shefrin e Meir Statman, "The Disposition to Sell Winners Too Early and Ride Losers Too Long: Theory and Evidence", *Journal of Finance* 40 (1985): 777-790.

3. Stephen P. Ferris, Robert A. Haugen e Anil K. Makhija, "Predicting Contemporary Volume with Historic Volume at Differential Price Levels: Evidence Supporting the Disposition Effect", *Journal of Finance* 43 (1988): 677-697.

4. Gary G. Schlarbaum, Wilbur G. Lewellen e Ronald C. Lease, "Realized Returns on Common Stock Investments: the Experience of Individual Investors", *Journal of Business* 55 (1978): 299-325.

5. Terrance Odean, "Are Investors Reluctant to Realize Their Losses?", *Journal of Finance* 53 (1998): 1775-1798.

6. Mark Grinblatt e Matti Keloharju, "What Makes Investors Trade?", *Journal of Finance* 56 (2001): 589-616.

7. Debate travado entre David Genesove e Christopher Mayer, "Loss Aversion and Seller Behavior: Evidence from the Housing Market", *Quarterly Journal of Economics* 116 (2001): 1233-1260.

8. Odean calcula um retorno anormal não baseado no mercado, mas entre empresas compatíveis.

9. Martin Weber e Colin F. Camerer, "The Disposition Effect in Securities Trading: an Experimental Analysis", *Journal of Economic Behavior & Organization* 33 (1998): 167-184.

10. John R. Nofsinger, "The Impact of Public Information on Investors", *Journal of Banking and Finance* 25 (2001): 1339-1366.

11. Discussão adaptada de Roger G. Clark, Stock Krase e Meir Statman, "Tracking Errors, Regret, and Tactical Asset Allocation", *Journal of Portfolio Management* 20 (1994): 19.

12. Shlomo Benartzi e Richard Taller, "Myopic Loss-Aversion and the Equity Premium Puzzle", *Quarterly Journal of Economics* 110 (1995): 75-92.

13. Debate em Chip Heath, Steven Huddart e Mark Lang, "Psychological Factors and Stock Option Exercise", *Quarterly Journal of Economics* 114 (1999): 601-627.

14. Allen Poteshman e Vitaly Serbin, "Clearly Irrational Financial Market Behavior: Evidence from The Early Exercise of Exchange Traded Stock Options", *Journal of Finance* 58 (2003): 37-70.

4

Considerações sobre o passado

Uma pessoa que não fez as pazes com suas perdas provavelmente aceitará transações arriscadas que, de outra forma, dificilmente aceitaria.

Kahneman e Tversky[1]

Em um jogo de "cara ou coroa", considere a seguinte aposta: "cara", a pessoa ganha US$ 20; "coroa", perde US$ 20. Você aceitaria? Imagine, agora, que acabou de ganhar, na aposta anterior, US$ 100. Nesse caso, aceitaria? Será que você mudou de opinião ao saber que já ganhara antes? E se antes tivesse perdido US$ 20? Isso faria diferença?

Muitos aceitariam a aposta em apenas uma das situações apresentadas. A chance de ganhar os US$ 20 não muda nos diferentes cenários, então o valor esperado com a aposta permanece o mesmo. Nem o risco nem a recompensa pela aposta variam nas duas situações, portanto o que terá de mudar é a reação das pessoas ao risco.

Há uma tendência de se usar um resultado passado como fator para a avaliação de uma decisão atual arriscada . Ou seja, as pessoas dispõem-se a assumir riscos maiores após um ganho e riscos menores após uma perda. Para ilustrar esse comportamento, Richard Thaler e Eric Johnson pediram que 95 alunos de graduação em Economia fizessem uma série de apostas em duas etapas, com dinheiro de verdade[2]. Na primeira etapa, eles recebiam ou perdiam o dinheiro; na segunda, perguntavam-lhes se queriam ou não aceitar a aposta apresentada. Os pesquisadores constataram os seguintes efeitos: efeito *house-money* ("dinheiro da banca"), efeito aversão ao risco ou *snake-bite* ("picada de cobra") e efeito *trying-to-break-even* ou "tentativa de sair empatado". Os três serão discutidos a seguir.

EFEITO *HOUSE-MONEY* OU "DINHEIRO DA BANCA"

Depois de ter realizado um ganho ou um lucro, as pessoas sentem-se inclinadas a assumir riscos maiores. Quem costuma jogar refere-se a isso como jogar com o "dinheiro da banca": após ganhar uma grande quantia, os jogadores amadores não consideram o dinheiro ganho como deles. Será que a pessoa está disposta a aceitar mais riscos com o dinheiro de seu adversário do que com o seu próprio? Como os jogadores não colocam "no mesmo bolo" as somas que ganham com o seu próprio dinheiro, eles agem como se estivessem apostando com o "dinheiro da banca" do cassino.

Imagine que alguém acaba de ganhar US$ 15. Logo a seguir, essa pessoa tem a oportunidade de apostar US$ 4,50 em "cara ou coroa". Será que fará a aposta? Dentre os alunos de Economia, 77% fizeram a aposta, pois, num golpe inesperado de sorte, tinham acabado de ganhar US$ 15 e, por isso, estavam dispostos a assumir o risco. Por outro lado, quando lhes pediram que apostassem em "cara ou coroa" sem ter recebido os US$ 15, somente 41% deles aceitaram o desafio. Os alunos estavam mais dispostos a assumir riscos financeiros após um ganho inesperado, mesmo quando não tinham por hábito assumir riscos.

EFEITO AVERSÃO AO RISCO OU "PICADA DE COBRA"

Após uma perda financeira, as pessoas têm menos inclinação para aceitar riscos. Quando estão diante de uma aposta, depois de já ter perdido dinheiro, geralmente optam por recusá-la. No mesmo experimento, pediram a alunos que inicialmente tinham perdido US$ 7,50 para apostar US$ 2,25 em "cara ou coroa". Dessa vez, a maioria (60%) recusou-se a apostar. Após uma perda inicial, os alunos talvez tenham sentido a "picada de cobra".

Não é freqüente uma cobra picar as pessoas, mas, quando isso acontece, as vítimas passam a tomar mais cuidado. Da mesma forma, quem teve o azar de perder dinheiro passa a acreditar que continuará sem sorte. Por conseguinte, evita assumir riscos.

EFEITO "TENTATIVA DE SAIR EMPATADO"

Os perdedores nem sempre evitam riscos, pois, geralmente, se agarram a qualquer oportunidade de compensar seus prejuízos. Após ter perdido algum dinheiro, a maioria dos alunos incluídos no estudo aceitou uma aposta "o dobro ou nada" em uma jogada de "cara ou coroa". Na verdade, aceitaram tal jogada mesmo sabendo que a moeda era viciada. Isso quer dizer que estavam dispostos a arriscar, apesar de saberem que tinham menos de 50% de chances de ganhar. A necessidade de "sair empatado" parece ser ainda mais forte do que o efeito "picada de cobra".

Outro exemplo do efeito "sair empatado" pode ser visto nas corridas de cavalos. Após um dia em que perderam nos vários páreos em que apostaram, é mais provável que os jogadores passem a apostar nos azarões[3]. Numa aposta, quando as chances são de "15 para 1", isso significa que US$ 2 apostados rendem US$ 30 se o cavalo ganhar. É muito improvável que um cavalo com 15 para 1 de chance vença o páreo. A proporção das apostas em azarões é maior no fim de um dia de corridas do que no início. Parece que os jogadores estão menos propensos a assumir esse risco quando se inicia um novo dia de apostas. Porém, os que, ao longo desse dia, ganharam dinheiro (efeito "dinheiro da banca") – ou aqueles que perderam (efeito "sair empatado") – têm maior probabilidade de arriscar-se. Quem ganha aceita o risco porque tem a sensação de estar apostando com dinheiro alheio ("da banca"); quem perde aproveita a oportunidade para sair empatado, sem arriscar muito mais. Já aqueles que não tiveram ganhos nem perdas significativos preferem não se arriscar.

Analisemos os *traders* profissionais que trabalham em tempo integral, operando contratos futuros de Títulos do Tesouro Americano na Bolsa de Mercadorias e Futuros de Chicago (*Chicago Board of Trade*). Para ter lucro, esses operadores montam posições arriscadas durante o dia e fornecem serviços de *market-making* (manutenção de mercado), normalmente tendo de fechar todas as posições até o fim do dia. Com o foco centrado em lucros de um dia, o que esses *traders* fazem à tarde, caso tenham perdido dinheiro pela manhã? Joshua Coval e Tyler Shumway analisaram as negociações de 426 deles em 1998[4]. Constataram que aqueles que perdem dinheiro pela manhã provavelmente aumentam seu nível de risco à tarde, tentando recuperar o prejuízo. Além disso, é mais provável que negociem com outros *traders* de contas proprietárias (em vez de as ordens chegarem ao mercado diretamente dos investidores). Essas negociações acabam sendo, em média, transações com prejuízo. Isso ilustra a mudança de comportamento que um investidor pode ter após sofrer uma perda.

EFEITO NOS INVESTIDORES

O efeito "dinheiro da banca" prevê uma maior propensão dos investidores para comprar ações de risco após a realização de uma posição de sucesso. Em outras palavras, uma vez garantidos os seus ganhos na venda de ações com lucro, os investidores tendem a comprar outras de risco ainda maior. Essa atitude agrava o comportamento da confiança excessiva, abordado no Capítulo 2, pois os investidores superconfiantes, além de comprar ações de maior risco, realizam um volume muito maior de transações.

O efeito "picada de cobra" também afeta os investidores, pois aqueles que são novos no assunto ou muito conservadores, às vezes, "testam o mercado acionário". A inclusão de algumas ações em sua carteira dá ao investidor de longo prazo uma melhor diversificação, com expectativa de maiores retornos. Porém, se o preço dessas ações cai rapidamente, o investidor iniciante pode sentir a "picada de cobra". Vejamos o caso de uma jovem investidora que começou comprando ações de uma empresa de biotecnologia a US$ 30. Quando, três dias mais tarde, o preço caiu para US$ 28, ela entrou em pânico e logo se desfez da ação. Posteriormente, a mesma ação disparou para US$ 75, mas a investidora "teve medo de voltar para o mercado"[5].

EFEITO DOAÇÃO OU DO *STATUS QUO*

Em geral, costuma-se pedir muito mais por um objeto, ao colocá-lo à venda, do que se estaria disposto a pagar por ele. A isso se chama efeito doação[6]. Um comportamento intimamente relacionado a esse efeito é a tendência de manter o que já se possui em vez de trocar por outro objeto. Isso é conhecido como o viés de manutenção do *status quo*, ou seja, da situação[7].

Os economistas avaliam o efeito doação fazendo experimentos com seus alunos. Um dos mais comuns é dar um objeto – como uma caneca de café com o símbolo da universidade – para a metade da turma. A seguir, cria-se um mercado para que os alunos possam comprar ou vender as canecas entre si, conforme o caso. A teoria econômica tradicional prevê que se estabeleça um preço de liquidação, permitindo que metade das canecas troque de dono, ou seja, imagina-se que metade dos alunos que as receberam vai vendê-las para a metade que não recebeu. Porém, em experimentos repetidos, quem recebeu a caneca geralmente pede o dobro do preço do que os demais estão dispostos a pagar; como conseqüência, a transação fica limitada, pois poucos objetos são negociados. Idêntica constatação ocorre quando se repete o jogo com diferentes objetos, para que os alunos adquiram experiência nesse tipo de mercado[8].

O que causa o efeito doação? Será que as pessoas superestimam o valor dos objetos que possuem ou é muito intensa a dor de se desfazer deles? Vejamos o seguinte experimento[9]: pediram que os alunos classificassem seis prêmios segundo sua atratividade. Metade dos alunos recebeu uma caneta, um dos prêmios de menor apelo. A outra metade podia escolher entre uma caneta ou duas barras de chocolate. Somente 24% dos alunos escolheram a caneta. Quem a recebeu, de saída, teve a oportunidade de trocá-la pelas barras de chocolate, se quisesse. Apesar de a maioria ter classificado as barras de chocolate como prêmio melhor do que a caneta, 56% dos que a receberam optaram por não trocá-la. Ao que tudo indica, o caso não é que as pessoas superestimem a atratividade daquilo que possuem, mas, sim, que a dor associada a se desfazer desse objeto é aquilo que realmente mais as afeta.

DOAÇÃO E INVESTIDORES

De que maneira o viés da doação ou da manutenção do *status quo* inicial pode afetar os investidores? As pessoas têm a tendência de manter os investimentos que já possuem. Por exemplo, William Samuelson e Richard Zeckhauser pediram aos alunos que imaginassem ter acabado de herdar uma grande soma em dinheiro. Podiam investir esse valor em diferentes carteiras: uma empresa de risco moderado, uma empresa de alto risco, letras do Tesouro ou títulos municipais[10].

A questão foi colocada em diferentes versões. Algumas delas diziam que a herança já estava investida na empresa de alto risco, ou então que, a herança estava em forma de outras opções de investimento. O interessante é que a forma de investimento, na época da doação, teve grande influência nas escolhas que os alunos fizeram para suas carteiras. A opção da empresa de alto risco teve maior aceitação nos casos em que a herança já tinha sido investida nessa empresa; o mesmo aconteceu com as letras do Tesouro. Sem sombra de dúvida, são bem diferentes o risco e o retorno esperados nos portfólios em que predominavam as letras do Tesouro e as empresas de alto risco, mas, mesmo assim, os alunos foram mais influenciados pelo *status quo* dos investimentos do que por seus próprios objetivos de risco e retorno.

Esse viés ou preferência pelo *status quo* aumentou à medida que crescia o número das opções de investimento, isto é, quanto mais complicada ficava a decisão a ser tomada, mais provável era que a pessoa optasse por não fazer nada. Na vida real, os investidores se defrontam com a opção de investir em dezenas de milhares de ações, títulos de dívidas e fundos de investimento. Tamanha variedade pode confundir alguns investidores, por isso é comum que evitem fazer quaisquer mudanças. Mas isso pode ser um problema, especialmente quando os investimentos deram prejuízo. A venda de um título em posição não lucrativa desencadearia arrependimento (Capítulo 3) e dor pela perda da doação.

MEMÓRIA E TOMADA DE DECISÃO

A memória é mais uma percepção da experiência física e emocional do que propriamente um registro dos fatos. Tal percepção é afetada pela maneira como esses fatos se desdobram. O processo de registro dos eventos no cérebro pode armazenar aspectos diferentes da experiência, sendo esses aspectos a base para as lembranças futuras.

A memória tem uma função de adaptação, pois determina se uma situação vivida no passado deve ser desejada ou evitada no futuro.

Por exemplo: se a lembrança que se guarda de um acontecimento é pior do que ele na verdade foi, certamente há uma grande propensão a evitar experiências similares; mas, se a lembrança que se guarda de um acontecimento é melhor do que ele de fato foi, a pessoa buscará, por todos os meios, ter experiências parecidas. Por conseguinte, as percepções imprecisas de experiências passadas podem levar a decisões não acertadas.

Os experimentos na área de psicologia ilustram como a memória afeta a tomada de decisão. Em um desses experimentos, os alunos sentiram dor ao colocar a mão direita na água gelada (temperatura de 14º C) durante 60 segundos[11]. Depois, foi a vez da mão esquerda ficar dentro da água por 90 segundos. Porém, após os primeiros 60 segundos a 14º C, a temperatura da água foi aumentada para 15º C nos últimos 30 segundos, sem que os alunos fossem avisados. Observe que a mão esquerda sofreu o mesmo nível e duração de dor que a mão direita. Depois, a mão esquerda sofreu 50% a mais de dor, em nível mais baixo. Qual das mãos foi submetida a mais dor? E você, qual dos dois experimentos escolheria, o de curta ou o de longa duração?

Sete minutos após os alunos terem mergulhado a segunda mão na água gelada, deram a eles a opção de escolher qual experimento repetir. Quase 70% deles escolheram repetir o de longa duração.

Por que teriam escolhido o mais longo? A duração dos testes tem pouco ou nenhum efeito independente sobre a percepção ou memória da experiência de dor. Os fatores mais importantes dessa dor são seu momento de pico e seu nível no fim da experiência. A lembrança da dor parece ser a média entre o nível de dor no pico e no fim do experimento[12].

No de curta duração, o nível de pico e de término de dor foram os mesmos, porém, devido ao fato de a temperatura ter sido aumentada no fim do experimento de longa duração (diminuindo a dor), o nível de dor final foi menor do que o de pico. A média entre os níveis de dor no pico e no final foi, portanto, menor no experimento longo do que no curto. Conseqüentemente, os alunos lembravam do experimento de duração mais longa como sendo o menos doloroso, apesar de ter começado exatamente no mesmo nível de dor que o experimento mais curto, com a diferença de que foi prolongado por mais 50% de tempo, numa intensidade mais baixa de dor.

A maioria dos alunos optou por repetir o teste mais doloroso porque sua memória não guardou com precisão as percepções passadas. Em uma avaliação semelhante, os pesquisadores constataram que a memória dos alunos sobre a experiência mudava com o tempo[13], isto é, quanto mais tempo tivesse transcorrido após os experimentos, menos dolorosos estes lhes pareciam ter sido.

MEMÓRIA E DECISÕES DE INVESTIMENTO

Esse fenômeno também pode afetar os investidores. O padrão de preço de uma ação pode influenciar a forma como um investidor toma suas decisões. Veja o exemplo de um investidor que compra duas ações, uma de uma empresa de biotecnologia e outra de uma farmacêutica, ao preço de compra de US$ 100 cada. Durante o ano seguinte, o preço da ação da empresa de biotecnologia caiu, aos poucos, até chegar a US$ 75. O preço da ação da indústria farmacêutica permaneceu em US$ 100 até o fim do ano, quando, de repente, despencou para US$ 80.

No ano, a ação da empresa de biotecnologia teve um desempenho pior do que o da farmacêutica, porém a forma pela qual perderam valor foi diferente em cada caso. A de biotecnologia sofreu uma queda gradual, ao passo que a ação da empresa farmacêutica sofreu uma perda drástica. A lembrança da perda maior no fim do ano está associada a um alto grau de dor emocional, enquanto a da perda gradual causa dor menos intensa. Isso pode ocorrer mesmo se o desempenho da ação da empresa de biotecnologia (de perda gradativa) tiver sido pior. Assim sendo, ao tomar suas decisões para o ano seguinte, o investidor pode ficar excessivamente pessimista quanto à ação da empresa farmacêutica.

O mesmo padrão ocorre nas experiências agradáveis: as pessoas se sentem melhor nas que têm pico e final de muito prazer. Considere um cenário no qual as duas ações aumentam de preço – a de biotecnologia vagarosamente, até atingir US$ 125 no ano, enquanto a farmacêutica tem uma subida drástica para US$ 120 no fim do ano. A lembrança desses eventos faz o investidor se sentir melhor quanto à ação da farmacêutica, muito embora seu desempenho tenha sido inferior.

DISSONÂNCIA COGNITIVA

Os psicólogos têm estudado conseqüências específicas de problemas de memória. Considere que, de modo geral, as pessoas se vêem como "espertas e simpáticas". Constatou-se que qualquer evidência que contradiga essa imagem dá origem a duas idéias aparentemente opostas. Exemplificando: suponha que alguém se acha simpático, mas a lembrança de uma de suas atitudes passadas sugere que não seja assim "tão" simpático. Tal contradição deve causar certo desconforto no cérebro dessa pessoa. A isso os psicólogos dão o nome de *dissonância cognitiva*. De forma bem simplista, o cérebro se defronta com duas idéias opostas: "sou simpático, mas <u>não</u> sou simpático". Para evitar a dor psicológica, as pessoas tendem a ignorar, rejeitar ou minimizar qualquer informação que entre em conflito com sua auto-imagem positiva. Caso a evidência não possa ser negada, ela é rapidamente acomodada por uma mudança de opinião sobre o assunto[14].

As opiniões das pessoas podem mudar de modo a se tornarem coerentes com decisões passadas, já que elas desejam acreditar que tomaram a decisão acertada. Por exemplo, fez-se uma pesquisa com quem aposta em cavalos acerca da probabilidade de "seu cavalo" vencer. Os apostadores que foram entrevistados ao sair do guichê deram a seus cavalos maior chance de ganhar do que aqueles que ainda se encontravam na fila[15]. Antes de apostar, os jogadores se sentem mais inseguros quanto às suas chances; depois de terem feito a aposta, suas opiniões mudam para serem consistentes com a decisão tomada.

O ato de evitar a dissonância cognitiva pode afetar o processo da tomada de decisões de duas maneiras: primeiro, pode-se errar na tomada de uma decisão importante por ser muito difícil lidar com a situação. Por exemplo, a simples idéia de poupar para a aposentadoria pode levar os jovens a se imaginarem como alguém medíocre, com pouca capacidade de ganhar dinheiro. Para evitar o conflito entre a boa auto-imagem atual e a contradição futura, eles simplesmente evitam poupar. Segundo, a filtragem de novas informações limita a capacidade de se avaliar e monitorar as decisões de investimento. Se os investidores ignorarem informações negativas, como saberão que é necessário ajustar sua carteira?

DISSONÂNCIA COGNITIVA E INVESTIMENTOS

Os investidores tentam reduzir a dor psicológica ajustando suas opiniões acerca do sucesso dos investimentos feitos. Por exemplo, um investidor toma a decisão de comprar um fundo de investimento. Com o tempo, as informações sobre o seu desempenho confirmarão ou não o bom senso da escolha. Para reduzir a dissonância cognitiva, o cérebro do investidor filtrará ou reduzirá as informações negativas, fixando-se nas positivas. Assim sendo, a lembrança do investidor sobre o desempenho passado será melhor do que foi na realidade. Em outras palavras, a pessoa se julga um bom investidor, portanto adapta a lembrança de seu desempenho passado de modo a condizer com sua auto-imagem. Ela "se lembra" de ter tido bom desempenho, independentemente de sua *performance* real.

William Goetzmann e Nadav Peles mensuraram as lembranças guardadas pelos investidores[16]. Fizeram-lhes duas perguntas sobre o retorno de seus investimentos em fundos no ano anterior: (1) Qual o retorno no ano? (2) Quanto a mais do que o mercado foi ganho? Essas são perguntas acerca do desempenho real e do desempenho correlacionado a eventuais alternativas. Se os investidores não estiverem sob a influência de problemas cognitivos, as lembranças acerca do desempenho devem ser, em média, iguais ao desempenho real.

Os estudiosos fizeram essas perguntas a dois grupos de investidores. O primeiro era formado por arquitetos, que, apesar de serem profissionais altamente instruídos, podiam não ter conhecimento suficiente sobre investimentos. Doze arquitetos basearam suas respostas nos 29 investimentos que possuíam em seu plano de previdência com contribuição definida. A Figura 4.1 mostra os erros dos arquitetos no tocante às suas lembranças. Em média, sua memória registrara a lembrança de um desempenho 6,22% mais alto em seus investimentos do que fora seu retorno real. Acreditavam que o resultado tido sido bem melhor do que realmente fora.

É difícil superar o desempenho do mercado. A maioria dos fundos de ações nos EUA não consegue superar, consistentemente, o Índice Standard & Poor's 500 (S&P 500). Então, como podiam os arquitetos supor que tivessem conseguido superá-lo? Sua estimativa foi, em média, 4,62% acima da realidade. Portanto, esse grupo de investidores superestimou seu retorno real e seu retorno comparado a um *benchmark*, ou seja, uma base de referência.

As respostas de um segundo grupo foram coletadas entre os membros de um capítulo estadual da Associação Americana de Investidores Individuais (AAII), que promove cursos e presta informações e serviços especializados a essa categoria de investidores. Supõe-se que

A Lógica do Mercado de Ações

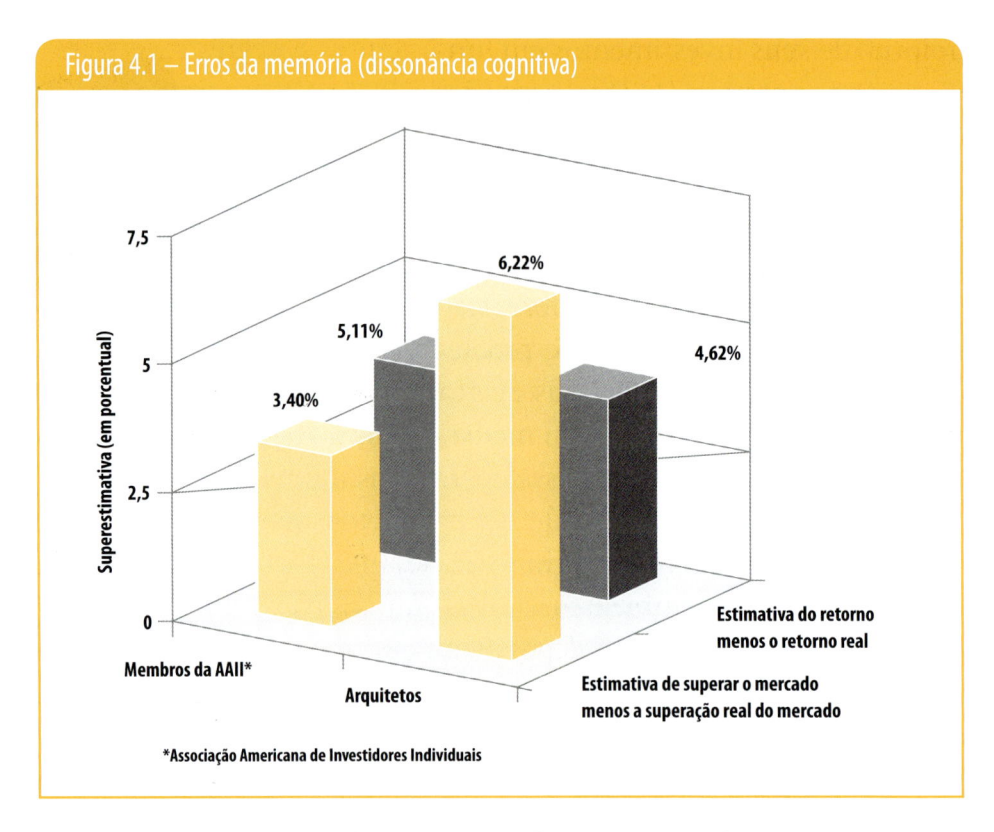

Figura 4.1 – Erros da memória (dissonância cognitiva)

Gráfico de barras – Superestimativa (em porcentual):
- Membros da AAII*: Estimativa do retorno menos o retorno real = 3,40%; Estimativa de superar o mercado menos a superação real do mercado = 6,22%
- Arquitetos: Estimativa do retorno menos o retorno real = 5,11%; Estimativa de superar o mercado menos a superação real do mercado = 4,62%

*Associação Americana de Investidores Individuais

os membros da AAII tenham bons conhecimentos sobre investimentos. Será que eles superestimam seus retornos?

Entre os membros da AAII, 29 responderam com base nos 57 fundos de investimento que possuíam. Esses investidores superestimaram seus retornos passados em 3,4% em média e fizeram uma superestimação de 5,11% em seu desempenho face ao mercado. Muito embora fossem investidores bem informados, mostraram um excesso de otimismo na lembrança que guardaram de seus retornos passados.

Analise também uma simulação de mercado com 80 mestrandos em Administração[17] sobre o desempenho de dez fundos de investimento, um fundo de *money market* e o Índice S&P 500 durante um período de dez anos, de 1985 a 1994. Esses alunos distribuíram, a seu próprio critério, US$ 100 mil em investimentos. A seguir, revelaram-lhes os retornos de seis meses, permitindo-lhes redistribuir seu portfólio. Repetiram o procedimento até completar 20 rodadas. Interessante notar que, ao longo do experimento, os investidores acompanharam o retorno do mercado (representado pelo Índice S&P 500) e o das posições de suas próprias carteiras. Após o jogo, perguntaram-lhes como se tinham saído. Que retornos tiveram? Tinham superado o mercado? Em média, os participantes relataram que sim. Era, de fato, uma percepção otimista de seu desempenho, pois o retorno médio do grupo tinha sido 8% abaixo do mercado. Quando lhes perguntaram sobre seu retorno, somente 15 dos 80 responderam corretamente; a maioria (47 de 80) superestimou seu retorno total.

As pessoas querem acreditar que suas decisões de investimento foram boas e, ao se confrontarem com a evidência em contrário, seus mecanismos cerebrais de defesa filtram as informações contraditórias e alteram a lembrança sobre as decisões. É difícil avaliar com objetividade o andamento de um investimento, ou a necessidade da contratação de um consultor, quando a lembrança que se guarda do desempenho passado está enviesada para cima.

RESUMO

Todo mundo já ouviu este conselho: compre na baixa e venda na alta. Por que, na prática, isso é tão difícil? Uma das razões é que o efeito "dinheiro da banca" faz com que os investidores busquem investimentos mais arriscados; isso normalmente se manifesta com a compra de ações que já tiveram aumentos substanciais de preço. Essas ações são de risco porque as expectativas foram exacerbadas. Resumindo, a pessoa compra na alta; se o preço das ações cai, ela sente a "picada de cobra" e quer cair fora. Por isso, vende na baixa. A combinação dos efeitos "dinheiro da banca" e "picada de cobra" leva à atitude exatamente oposta: comprar na alta e vender na baixa.

Quando muitos investidores são atingidos por esses problemas, todo o mercado pode ser afetado. O viés psicológico de buscar (ou ignorar) o risco devido ao efeito "dinheiro da banca" contribui para a criação de uma "bolha" de preço. Por outro lado, o viés de evitar o risco, no efeito "picada de cobra", conduz a preços de ações forçadamente baixos depois que a "bolha" estoura.

Além disso, a memória humana é mais uma recordação de emoções e sentimentos do que uma recordação de fatos. Isso pode fazer com que os investidores recordem eventos reais com imprecisão, ou mesmo ignorem informações que lhes causem sentimentos desagradáveis.

Perguntas

1. Recentemente, os programas de televisão sobre pôquer têm se popularizado nos canais Sony, ESPN e Travel Channel. Observa-se que, após ganhar uma bolada, muitos jogadores apostam na próxima mão, mesmo quando suas cartas são ruins. Após uma perda significativa, eles tendem a não apostar na mão seguinte, mesmo se suas cartas forem boas. Explique os dois comportamentos.

2. Descreva o apelo existente nas apostas do tipo "o dobro ou nada". Inclua pontos de referência (Capítulo 3).

3. O que impressiona mais os investidores: uma mudança constante de preço ao longo do tempo, ou um preço constante seguido de uma mudança drástica? Por quê?

Notas finais

1. De Daniel Kahneman e Amos Tversky, "Prospect Theory: an Analysis of Decisions Under Risk", *Econometrica* 47 (1979):287.

2. Debate adaptado de Richard Thaler e Eric Johnson, "Gambling with the House Money and Trying to Break Even: the Effect of Prior Outcomes on Risky Choice", *Management Science* 36 (1990): 643-660.

3. Daniel Kahneman e Amos Tversky, "Prospect Theory: an Analysis of Decisions Under Risk", *Econometrica* 47 (1979): 263-291.

4. Joshua Coval e Tyler Shumway, *Do Behavioral Biases Affect Prices?* Trabalho publicado na Revista da Harvard Bussiness School, set. 2002.
5. Tracey Longo, "Stupid Investor Tricks", *Financial Planning* (abr. 2000):116.
6. Richard Thaler, "Toward a Positive Theory of Consumer Choice", *Journal of Economic Behavior and Organization* 1(1980): 39-60.
7. William Samuelson e Richard Zeckhauser," *Status Quo* Bias in Decision Making", *Journal of Risk and Uncertainty* 1(1988): 7-59.
8. Daniel Kahneman, Jack Knetsch e Richard Thaler, "Experimental Tests of the Endowment Effect and the Coase Theorem", *Journal of the Political Economy* 98 (1990):1325-1348; Kahneman, Knetsch e Thaler, "Anomalies: The Endowment Effect, Loss Aversion, and *Status Quo* Bias", *Journal of Economic Perspectives* 1 (1991): 193-206.
9. George Lowenstein e Daniel Kahneman, *Explaining the Endowment Effect*. Trabalho publicado na Revista Carnegie Mellon University (1991).
10. William Samuelson e Richard Zeckhauser," *Status Quo* Bias in Decision Making", Journal of Risk ans Uncertainty 1 (1988): 7-59.
11. D. Kahneman, B. Fredrickson, C. Schreiber e D. Redelmeier, "When More Pain is Preferred to Loss: Adding a Better End", *Psychological Science* (1993): 401-405.
12. A teoria da "Utilidade Lembrada" é discutida em Daniel Kahneman, Peter Wakker e Rakesh Sarin, "Back to Bentham? Explorations of Experienced Utility ", *Quarterly Journal of Economics* 112 (1997): 375-406.
13. Daniel Read e George Lowenstein, "Enduring Pain for Money: Decisions Based on the Perception and Memory of Pain", *Journal of Behavioral Decision Making* 12(1999): 1-17.
14. A descrição da dissonância cognitiva vem de George Akerlof e William Dickens," The Economic Consequences of Cognitive Dissonance", *American Economic Review* 72(1982): 307-319.
15. Robert Knox e James Inkster, "Postdecision Dissonance at Post Time", *Journal of Personality and Social Psychology* 8 (1968): 319-323.
16. William Goetzmann e Navad Peles, "Cognitive Dissonance and Mutual Funds Investors", *Journal of Financial Research* 20 (1997):145-158.
17. Don Moore, Terri Kurtzberg, Craig Fox e Max Bazerman, "Positive Illusions and Forecasting Erros in Mutual Fund Investment Decisions", *Organizational Behavior and Human Decision Processes* 79 (1999):95-114.

5

Contabilidade mental

Empresas, governos e até mesmo igrejas usam sistemas de contabilidade para acompanhar, separar e classificar o fluxo de suas contas. Já as pessoas utilizam um sistema de contabilidade mental. Imagine que o cérebro usa um sistema semelhante a um arquivo, em que decisões, atitudes e conseqüentes resultados são colocados em pastas separadas. Essas pastas, por sua vez, contêm os custos e benefícios associados a uma determinada decisão. Se um resultado é guardado em uma determinada pasta fica difícil visualizá-lo de forma diferente. As ramificações da contabilidade mental influenciam as decisões de maneiras inesperadas.

Considere o seguinte exemplo[1]:

> O casal J. guardou US$ 15 mil para adquirir a casa de veraneio de seus sonhos, que esperam comprar num prazo de cinco anos. Suas economias rendem 4% em uma conta de *money market* (equivalente a uma conta-corrente remunerada). Eles acabaram de comprar um carro novo por US$ 11 mil, financiado em três anos, com uma taxa de 9%.

Trata-se de uma situação bastante comum. As pessoas têm dinheiro aplicado em contas de poupança que rendem muito pouco, no entanto tomam empréstimos com altas taxas de juros, perdendo dinheiro. No exemplo, as economias guardadas para a casa de veraneio estão em conta remunerada em que rendem 4% a.a. Certamente, o casal ficaria muito contente se descobrisse um investimento seguro, que rendesse 9% a.a.! Mas, quando surgiu essa oportunidade, talvez eles nem a tenham considerado. A oportunidade era ter tomado emprestado US$ 11 mil de sua própria poupança (em vez de fazer o empréstimo bancário) e "pagar" a si próprios os juros de 9% a.a. Se tivessem feito isso, ao fim de três anos teriam acumulado cerca de US$ 1 mil a mais para a compra.

O dinheiro não vem "rotulado", então as pessoas o rotulam, usando as expressões dinheiro sujo, dinheiro fácil, dinheiro em excesso, e assim por diante. Em suas contas mentais, o casal J. deu o rótulo de "casa de veraneio" às suas economias. Embora o fato de misturar a conta mental "carro novo" com a conta mental "casa de veraneio" pudesse ter maximizado seu patrimônio, para esse casal isso não funcionou.

CÁLCULO DO ORÇAMENTO MENTAL

As pessoas usam orçamentos financeiros para monitorar e controlar seus gastos, enquanto o cérebro usa orçamentos mentais para associar os benefícios do consumo aos custos, em cada uma de suas contas mentais. Pode-se considerar semelhantes a dor ou os custos associados à compra de bens e serviços e a dor do prejuízo financeiro. De modo similar, a alegria ou os benefícios de consumir bens e serviços é igual à alegria por ganhos financeiros: o orçamento mental iguala a dor emocional à alegria emocional.

COMO RELACIONAR CUSTOS A BENEFÍCIOS

As pessoas normalmente preferem o sistema de "desembolso ao longo do consumo", pois assim podem associar os custos com os benefícios da compra, porém a situação se complica quando esse sistema não pode ser utilizado.

O conjunto de perguntas a seguir investiga qual é o momento adequado de efetuar pagamentos. Os professores Drazen Prelec e George Loewenstein fizeram as seguintes perguntas a 91 visitantes da estufa de plantas raras Phipps Conservatory, em Pittsburg[2]:

1) Imagine que uma pessoa planeja comprar, dentro de seis meses, uma lavadora e uma secadora de roupas para sua casa nova. Juntas, as duas máquinas custarão US$ 1,2 mil. A pessoa tem duas opções de pagamento:
   a) seis prestações mensais iguais de US$ 200, durante os seis meses que antecedem a chegada dos eletrodomésticos;
   b) seis prestações mensais iguais de US$ 200, durante seis meses, a começar após a entrega.

Qual das opções escolher? O custo total é o mesmo em ambas, apenas difere o *timing*, ou seja, o momento de iniciar o pagamento das prestações. Dos 91 entrevistados, 84% responderam preferir pagar após a chegada dos eletrodomésticos (alternativa *b*), o que está de acordo com a relação custo-benefício do orçamento mental. Os benefícios da lavadora e da secadora serão usufruídos durante muitos anos após a compra. Se as prestações forem pagas simultaneamente ao uso dos eletrodomésticos, haverá uma correlação entre custo e beneficio. A opção *b*, porém, também é condizente com as teorias econômicas tradicionais, pois, ao escolhê-la, a pessoa tem a impressão de que a compra saiu mais "em conta", pois entra em jogo o valor "tempo" do dinheiro.

Os próximos dois exemplos não são condizentes com as teorias econômicas tradicionais, e os entrevistados não selecionaram a opção de maximização de riqueza. Considere este exemplo:

2) Uma pessoa tem planos de, daqui a seis meses, passar uma semana de férias no Caribe. Isso custará US$ 1,2 mil. Há duas opções de pagamento:
- **a)** seis prestações mensais iguais de US$ 200 durante os seis meses anteriores às férias;
- **b)** seis prestações mensais iguais de US$ 200 durante seis meses, a começar após sua volta.

Observe que as opções do fluxo de pagamento são as mesmas da pergunta anterior – seis prestações antes ou após a compra. A diferença é que mudou o objeto a ser comprado. E, mais importante ainda, as férias são uma compra cujos benefícios serão consumidos em pouco tempo, enquanto os eletrodomésticos durarão anos. Qual das opções escolher?

Entre os entrevistados, 60% escolheram a alternativa *a*, ou seja, férias pré-pagas. Nesse caso, o pagamento não pode ser feito ao mesmo tempo em que se consome os bens: os benefícios das férias são consumidos *durante* as férias, mas o pagamento deve ser feito antes ou depois.

Segundo as teorias econômicas tradicionais, as pessoas deveriam preferir a opção *b* por ser mais barata quando se leva em consideração o valor "tempo" do dinheiro, contudo a maioria escolhe a alternativa *a*. Por quê? Em geral, férias pré-pagas são mais agradáveis do que as pós-pagas, pois a dor do pagamento já se foi. Se o pagamento é feito depois, reduzem-se os benefícios das férias pelo simples pensamento do quanto custará esse prazer. Um importante fator na decisão de pagar antecipadamente ou financiar é o prazer gerado pela compra. A idéia de ter que pagar por algo durante seu uso reduz tal prazer. Mas, convenhamos: o uso de eletrodomésticos não é uma diversão, portanto, por que não financiá-los? Já o exemplo da casa dos sonhos, no início deste capítulo, é diferente: o prazer da casa própria não deve ser "estragado" pela dívida e pela idéia dos pagamentos futuros, portanto o casal J. está pagando antecipadamente, poupando para a compra da casa.

A terceira pergunta abordou os rendimentos por hora extra de trabalho:

3) Como gostaria de ser remunerado por algumas horas extras nos fins de semana, nos próximos seis meses?

O pré-pagamento por um trabalho futuro não foi uma opção que agradou. Entre os entrevistados, 66% preferiram o pagamento após a realização do trabalho. Essa resposta não condiz com as teorias econômicas tradicionais: a opção de maximização de riquezas é receber pagamento antecipado, não posterior.

AVERSÃO A DÍVIDAS

Nas perguntas sobre férias e horas extras de trabalho, as pessoas expressam uma aversão a contrair dívidas quando o bem ou serviço é de consumo rápido. Assim, indicam que preferem associar a duração dos pagamentos com a duração do uso do bem ou serviço. Por exemplo, contrair dívidas para comprar casas, carros, TVs, etc. é uma atitude popular, pois esses itens são consumidos ao longo de muitos anos. O uso de financiamentos para, ao longo do tempo, saldar dívidas por uma compra, resulta em uma forte ligação com o consumo de tais itens.

Por outro lado, as pessoas não gostam de pagar dívidas por algo comprado e já consumido. Financiar as férias não é uma solução das mais agradáveis, pois gera um custo de longo prazo por um benefício de curto prazo. Isso também é válido para a terceira pergunta. As pessoas não querem receber antecipadamente por um trabalho futuro, porque, de certa forma, isso geraria a sensação de contrair uma dívida de longo prazo, ou seja, teriam de trabalhar nos fins de semana pelos seis meses seguintes – ao passo que o benefício que teriam, ou seja, a remuneração, seria de curto prazo. Preferem fazer o trabalho antes e receber o pagamento depois.

EFEITO DO CUSTO JÁ INCORRIDO (CUSTOS PERDIDOS)

De acordo com as teorias econômicas tradicionais, as pessoas deveriam levar em conta custos e benefícios presentes e futuros ao tomar decisões, já desconsiderando os custos passados. No entanto, contrariando a essas previsões, consideram custos históricos e não recuperáveis ao tomar decisões futuras. Esse comportamento é chamado de *efeito dos custos perdidos ou já incorridos*[3]; é um aumento do comprometimento definido como a "grande tendência de seguir adiante com um empreendimento, uma vez que tenha sido efetuado algum investimento de dinheiro, tempo ou efeito"[4].

Os custos já incorridos têm duas dimensões importantes: tamanho e *timing* (momento)[5]. Considere os dois cenários seguintes:

> Uma família tem ingressos para um jogo de basquete, que, há tempos, deseja assistir. Os ingressos custam US$ 40. No dia do jogo, uma grande nevasca atinge a região onde moram. Mesmo podendo ir ao jogo, a tempestade de neve causará grandes transtornos que, certamente, diminuirão o prazer de assisti-lo. É mais provável que a família vá ao jogo se tiver pago os US$ 40 pelos ingressos ou se os tiver recebido como cortesia?

É mais provável que a família vá ao jogo se os ingressos tiverem sido comprados por eles. É importante observar que o custo de US$ 40 dos ingressos não influencia os transtornos causados pela nevasca nem o prazer que o jogo proporciona. Mesmo assim, as pessoas levam em conta o custo já incorrido ao tomar a decisão de ir ou não. A família que paga pelos ingressos abre uma conta mental; se não for ao jogo, terá de fechar essa conta sem ter tido o benefício da compra, resultando na percepção de perda. Como a família quer evitar a dor emocional da perda, é mais provável que vá ao jogo. Se os ingressos tivessem sido obtidos de graça, a conta mental seria fechada sem haver qualquer custo ou benefício.

Esse exemplo ilustra que o tamanho do custo perdido é um fator importante na tomada de decisão. Em ambos os casos, a família tinha os ingressos, mas era o custo – US$ 40 ou nada – o que importava. O exemplo seguinte ilustra que o *timing* desse custo também é um importante componente:

> Há algum tempo, uma família vem esperando para ir a um jogo de basquete, que ocorrerá na semana seguinte. No dia do jogo, cai uma nevasca. É mais provável que a família vá ao jogo se tiver comprado os ingressos por US$ 40 há um ano, ou se os tiver comprado ontem?

Em ambos os casos, o preço de compra de US$ 40 é um custo perdido. No entanto, será que importa o momento em que tal custo foi incorrido? Sim, é mais provável que a família vá ao jogo se tiver comprado os ingressos na véspera. A dor de fechar uma conta mental sem ter algum benefício diminui com o tempo. Em resumo, o impacto negativo de um custo já incorrido se deprecia com o tempo.

IMPACTO ECONÔMICO

Os exemplos anteriores demonstram que as pessoas estão dispostas a incorrer em custos monetários se eles facilitarem seu processo mental de orçamento. É importante lembrar que elas tendem a pagar antecipadamente por algumas compras e preferem receber pagamentos após a realização de um trabalho. Ao acelerar pagamentos e adiar rendimentos, não se beneficiam do valor "tempo" dos princípios financeiros. As teorias econômicas tradicionais pregam que as pessoas deveriam preferir o oposto: adiar o pagamento e acelerar o rendimento, pois assim maximizam o valor presente de seu patrimônio.

A contabilidade mental faz com que as pessoas queiram unir custos e benefícios emocionais decorrentes de uma compra. Essa determinação freqüentemente leva a decisões que envolvem um alto custo. Um exemplo[6]: pediu-se a 56 alunos de MBA para escolher entre duas alternativas de financiamento para um projeto de reforma de uma casa no valor de US$ 7 mil. O projeto englobava uma decoração totalmente nova (troca de carpete, papel de parede, pintura, etc.) que duraria quatro anos. Depois desse prazo, eles teriam de redecorar novamente. As duas opções de financiamento eram: uma, com duração de três anos, com juros de 12%; a outra, através de um empréstimo de quinze anos, com uma taxa de juros de 11%. Ambas poderiam ser encerradas antecipadamente, sem multas.

É importante notar que o empréstimo de quinze anos, ou seja, de longo prazo, tem uma taxa de juros menor. Além disso, pode ser reduzido a três anos (com juros mais baixos) simplesmente acelerando-se os pagamentos. Em outras palavras, pode-se recalcular o valor dos pagamentos mensais para saldar o empréstimo de quinze anos em apenas três. Como a taxa de juros é menor na opção de quinze anos, os pagamentos mensais também seriam menores. Quando perguntaram aos alunos do MBA qual a opção escolhida, 74% haviam optado pelo empréstimo de três anos. Indicaram uma disposição de incorrer em custos monetários (na forma de uma taxa de juros mais alta), para facilitar a integração entre custo e benefício. Estavam dispostos a pagar juros mais altos para garantir que o empréstimo fosse quitado em apenas três anos. Esse é um exemplo do problema de autocontrole, que será discutido no Capítulo 10.

CONTABILIDADE MENTAL E INVESTIMENTO

Já vimos que os tomadores de decisão tendem a colocar cada investimento dentro de uma conta mental distinta; tratam cada um em separado e negligenciam as interações entre eles. Esse processo mental pode ter impacto negativo sobre o patrimônio do investidor de diversas formas. Primeiro, a contabilidade mental agrava o efeito da disposição, estudado no Capítulo 3. Sabe-se que os investidores evitam vender ações com prejuízo, pois não querem sofrer a dor emocional do arrependimento. A venda de uma ação no prejuízo fecha a conta mental e desencadeia o arrependimento.

Considere a estratégia de maximização de riquezas envolvida na compensação do imposto de renda (em inglês, *tax swap*)[7]. Esta situação ocorre quando um investidor vende uma ação com prejuízo e compra outra semelhante. Por exemplo, quem possui uma ação da Northwest Airlines, que teve uma queda de preço junto com todo o setor de empresas aéreas, poderia vendê-la e comprar uma da United Airlines. Esse *tax swap* permite capturar a perda de capital da ação da Northwest para reduzir o imposto de ganho de capital, ao mesmo tempo em que o capital da pessoa continua investido, à espera de uma retomada no setor da aviação comercial.

Por que essa estratégia de compensação de IR não é usada com mais freqüência? Os investidores tendem a considerar a venda da ação em baixa como um fechamento da conta mental e a compra de uma ação semelhante como a abertura de uma nova conta. Isso leva a dois resultados e ambos os afetam: primeiro, a interação entre as duas contas aumenta o patrimônio desses investidores; segundo, o fechamento da conta que deu prejuízo lhes causa arrependimento. Eles tendem a ignorar a interação entre as duas contas e, por essa razão, tomam a atitude que evita o arrependimento, em vez de optar por aquela que maximiza seu patrimônio.

Esse cálculo mental é o que causa a aversão pela venda das ações que trazem prejuízos. Considerando a maneira como as pessoas valorizam o momento de efetuar o pagamento e os benefícios, vê-se que, com o passar do tempo, a compra daquela ação se torna um custo perdido. A dor emocional de ter desperdiçado parte daquele custo em uma ação em posição perdedora diminui com o tempo[8]. Para o investidor, a venda tardia dessa ação perdedora pode ser menos penosa emocionalmente do que se fizesse isso mais cedo.

Quando os investidores resolvem vender uma ação que traz prejuízo, tendem a agrupar mais de uma venda no mesmo dia. Ao integrar a venda dessas ações, estão agregando as perdas e limitando o sentimento de arrependimento a um único momento. Em outras palavras, as pessoas talvez agrupem as contas mentais das posições perdedoras, até então separadas, e as liquidem de uma só vez, a fim de minimizar o arrependimento. Por outro lado, os investidores gostam de distribuir a venda das ações em posição ganhadora ao longo de vários dias, pois assim prolongam a sensação de prazer. Sonya Lim estudou o comportamento de venda de 158 mil contas de corretagem, de 1991 a 1996[9]. Constatou que os investidores tendem a vender, num só dia, mais de uma ação com prejuízo. Por outro lado, quando vendem uma ganhadora, dificilmente venderão outra delas no mesmo dia.

A limitação da contabilidade mental poderia explicar, também, por que a maioria das pessoas não investe no mercado de ações[10], mesmo sabendo que a média de retorno desse mercado é alta. É praticamente zero a correlação entre o risco do mercado acionário e os demais riscos econômicos individuais incorridos – a saber, o risco dos salários e emprego e o do preço das moradias. Portanto, agregando ainda que um pequeno risco do mercado acionário, tem-se a diversificação do risco econômico geral de uma pessoa. Porém, de modo isolado – que é como as pessoas costumam ver as coisas – o mercado de ações parece muito mais arriscado do que os riscos individuais acima mencionados.

Por último, a contabilidade mental também afeta a percepção dos investidores quanto aos riscos da carteira. A tendência de negligenciar a interação entre os investimentos faz com que eles percebam de maneira errada o risco de adicionar novos papéis a uma carteira existente. O capítulo seguinte descreve a forma como a contabilidade mental leva à construção das carteiras, nível por nível. Cada nível representa as opções de investimento que satisfazem as várias contas mentais. Esse processo permite que os investidores atinjam as metas de cada uma delas em separado, mas não leva aos benefícios da diversificação apresentados na teoria do portfólio. Em outras palavras, esse processo não conduz, necessariamente, a um risco menor. Portanto, os investidores acabam não maximizando seu retorno devido ao nível de risco que assumiram.

Perguntas

1. Por que as pessoas fazem uma poupança antecipada para as férias, mas tendem a financiar a compra de um bem de consumo e pagar posteriormente? Quais os fatores envolvidos?

2. Por que os investidores tendem a vender posições que não dão lucro todas num mesmo dia e distribuem a venda de posições lucrativas ao longo de vários dias?

3. Como o uso do *tax swap* (compensação de IR) supera alguns vieses psicológicos?

Notas finais

1. Richard Thaler, "Mental Accounting and Consumer Choice", *Marketing Science* 4 (1985): 199-214.

2. Drazen Prelec e George Loewenstein, "The Red and the Black: Mental Acconting of Savings and Debt", *Marketing Science* 17 (1998): 4-28.

3. Richard Thaler, "Toward a Positive Theory of Consumer Choice", *Journal of Economics Behavior and Organization* 1 (mar. 1980): 39-60.

4. De Hal Arkes e Catherine Blumer, "The Psychology of Sunk Cost", *Organizational Behavior and Human Decision Processes* 35 (fev. 1985): 124.

5. Debate adaptado de John Gourville e Dilip Soman em "Payment Depreciation: The Behavioral Effects of Temporally Separating Payments from Consumption", *Journal of Consumer Research* 25 (1998) 160-174.

6. Eric Hirst, Edward Joyce e Michael Schadewald, "Mental Accounting and Outcome Contiguity in Consumer-Borrowing Decisions", *Organizational Behavior and Human Decision Processes* 58 (1994): 136-152.

7. Debate adaptado de Hersh Shefrin e Meir Statman em, "The Disposition to Sell Winners Too Early and Ride Loosers Too Long: Theory and Evidence", *Journal of Finance* 40 (1984): 777-790.

8. John Gourville e Dilip Soman, "Payment Depreciation: the Behavioral Effects of Temporally Separating Payments from Consumption", *Journal of Consumer Research* 25 (1998): 173.

9. Sonya Seongyeon Lim, *Do Investors Integrate Losses and Segregate Gains?* Mental Accounting and Investors Trading Decisions, trabalho publicado em The Ohio State University, 24 jul. 2003.

10. Nicholas Gambles, Ming Huang e Richard Thaler, *Individual Preferences, Monetary Gambles, and the Equity Premium*, trabalho publicado em University of Chicago, set. 2003.

6

Formação de portfólios

O capítulo anterior analisou em detalhes o uso da contabilidade mental para controlar custos e benefícios associados a cada decisão tomada. Tal contabilidade afeta, também, a maneira como o investidor percebe seu portfólio – ou carteira – de investimentos.

A MODERNA TEORIA DE PORTFÓLIO

Há cinqüenta anos, o economista Harry Markowitz, vencedor do prêmio Nobel, ensinou que devemos considerar todos os nossos investimentos como um único portfólio. Em seu entender, o investidor deveria possuir investimentos que, combinados entre si, formassem uma carteira que oferecesse o maior retorno possível para o nível de risco que essa pessoa deseja assumir. Essa combinação de investimentos em uma única carteira requer que se pense em termos de diversificação. Os investidores gostam da idéia, porém implementam a diversificação de maneira diferente da sugerida pela teoria de portfólio de Markowitz.

Para implementar essa teoria, é preciso ter em mente três características importantes de cada um dos potenciais investimentos. Os primeiros dois parâmetros são *retorno esperado* e *nível de risco* dos investimentos, sendo este último medido pelo desvio padrão dos retornos. Para os investidores, faz muito sentido essa análise dos riscos e retornos. A terceira característica importante é a *correlação entre os retornos de cada investimento*. Correlação é a maneira como cada investimento interage com os demais, numa mesma carteira. No entanto, a contabilidade mental dificulta a implementação dessa importante característica.

CONTABILIDADE MENTAL E PORTFÓLIOS

É comum o investidor colocar cada investimento em uma conta mental distinta. Uma das conseqüências dessa contabilidade "imaginária" é o fato de não considerar a interação entre as contas mentais, afeta a construção da carteira. O mercado de ações tem registrado alta volatilidade, ou seja, diariamente as ações sofrem altos ganhos e sentidas perdas em seu preço. Com a moderna teoria de portfólio, comprovou-se que a combinação de investimentos diferentes pode reduzir tal volatilidade. Ao se comparar a forma pela qual o preço dos diferentes investimentos muda com o tempo, pode-se construir um portfólio de menor risco.

Por exemplo, na Figura 6.1, as ações A e B têm aproximadamente o mesmo retorno e variação de preço no decorrer do tempo. Ambas sofrem altas variações de preço. Contudo, percebe-se que, quando a ação A sobe, a B, normalmente, cai. Como as ações A e B freqüentemente se movem em direções opostas, a compra de ambas gera uma carteira de risco reduzido, isto é, o valor da carteira tem menor variação quando contém ações A e B do que teria se contivesse apenas uma das duas.

Porém, criar uma carteira que reduza o risco (do ponto de vista da moderna teoria de portfólio) significa levar em conta a interação entre dois diferentes investimentos. Infelizmente, os investidores costumam tratar cada investimento como uma conta mental diferente e tendem

Figura 6.1 – Combinação de ações em um portfólio

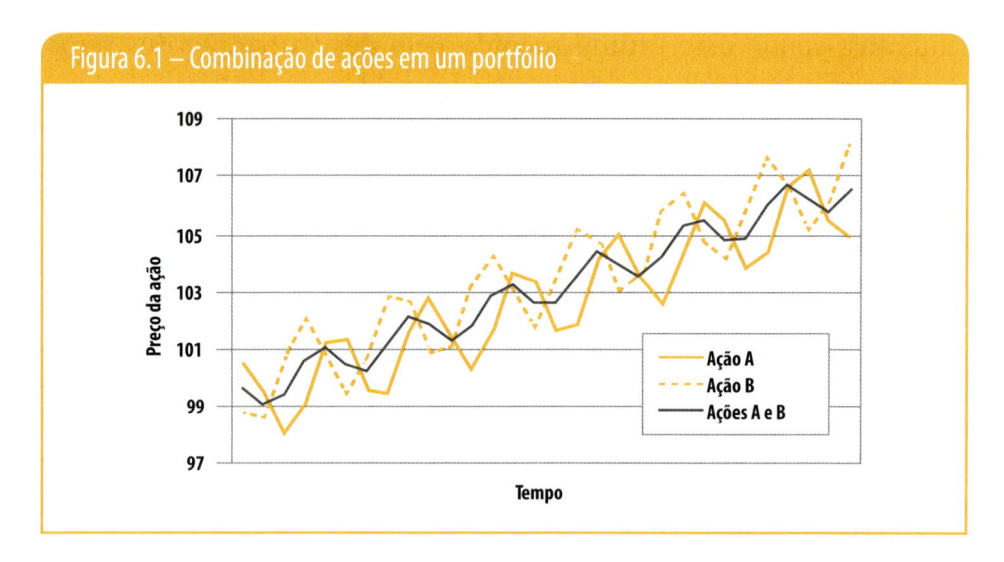

a ignorar a interação que existe entre as várias contas, como já vimos anteriormente. Portanto, devido a essa contabilidade mental[1], dificilmente aproveitam a ferramenta mais útil que há para a construção de carteiras e redução de riscos, ou seja, não fazem a correlação entre os investimentos.

Em vez disso, as carteiras são construídas mediante a decisão de comprar cada investimento em separado. Em geral, os investidores se comportam como se estivessem escolhendo o que comer em um bufê: "Isto parece bom... Acho que vou pegar um pouco disto... Talvez um pouco mais daquilo... Disseram que este é bom ..." A decisão de comprar um novo valor mobiliário e abrir uma nova conta mental não inclui a correlação com outros investimentos, pois, como já se discutiu anteriormente, essas contas não interagem entre si.

PERCEPÇÕES SOBRE RISCO

A visualização de cada investimento como uma conta mental separada faz os investidores interpretarem mal os riscos. Eles avaliam cada investimento potencial como se fosse o único, no entanto a maioria deles já tem uma carteira e está analisando outros investimentos para nela incluir. Assim sendo, a consideração mais importante nessa avaliação é ver como o risco e o retorno esperados irão mudar com a inclusão de um novo investimento. Em outras palavras, o que importa é a forma como o novo investimento interage com a carteira existente. Infelizmente, as pessoas têm dificuldade para avaliar as interações entre as contas mentais. Analise o seguinte problema:

> O investidor tem uma carteira diversificada, com ações nacionais e internacionais de empresas de porte e alguns papéis de renda fixa. Está avaliando *commodities*, títulos privados (com baixo risco de crédito), ações de mercados emergentes, ações da Europa e do Sudeste Asiático, títulos privados com risco de crédito (*high yield* ou alta rentabilidade), imóveis, papéis do índice de ações Russel 2000 Growth, ações de segunda linha e letras do Tesouro. Como a inclusão de cada investimento mudaria o risco dessa carteira?

O exercício pedia que 45 alunos da graduação e 27 da pós-graduação em investimentos, bem como 16 participantes de clubes de investimentos, classificassem os nove investimentos de acordo com o nível de risco que cada um aportaria ao portfólio. Observe que os participantes não receberam qualquer informação sobre retorno, risco ou correlação. Tiveram de tomar decisões baseados em seus próprios conhecimentos e informações. A Figura 6.2 relata os resultados dos três grupos.

As letras do Tesouro e os títulos privados foram classificados como os papéis que menos risco ofereciam, enquanto imóveis, *commodities* e títulos privados (*high yield*) apresentaram um nível mais alto de risco. As ações de segunda linha e as estrangeiras foram consideradas como as que maior risco oferecia à carteira. Os três grupos fornecera uma classificação semelhante de como cada investimento agrega risco

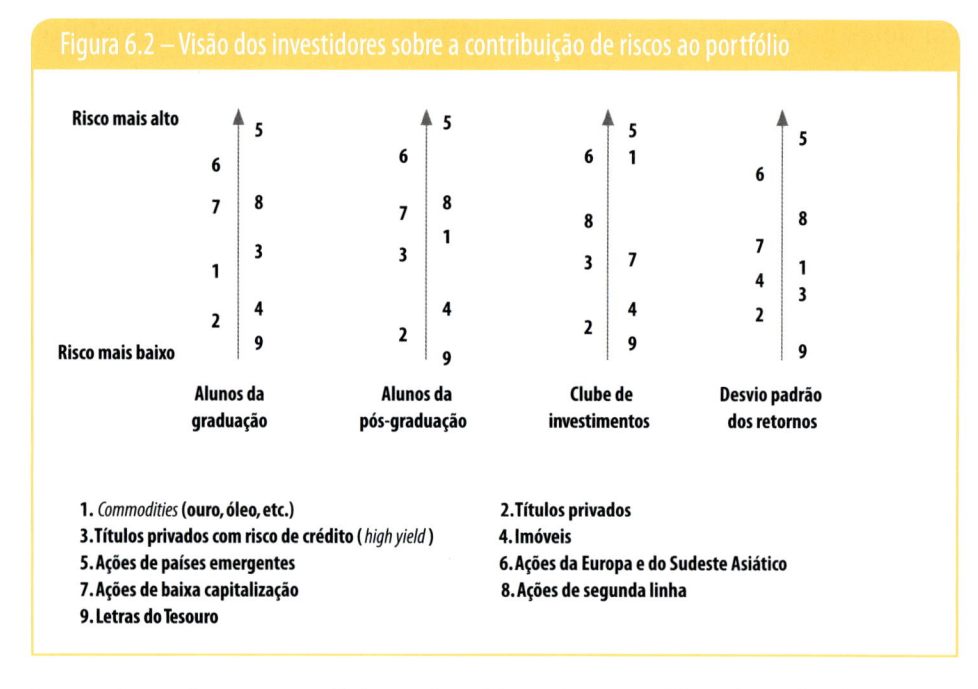

Figura 6.2 – Visão dos investidores sobre a contribuição de riscos ao portfólio

Risco mais alto (topo) → **Risco mais baixo** (base)

Alunos da graduação: 5, 6, 7, 8, 3, 1, 2, 4, 9

Alunos da pós-graduação: 5, 6, 7, 8, 1, 3, 4, 2, 9

Clube de investimentos: 5, 1, 6, 8, 3, 7, 4, 2, 9

Desvio padrão dos retornos: 5, 6, 8, 7, 4, 1, 3, 2, 9

1. Commodities (ouro, óleo, etc.)
2. Títulos privados
3. Títulos privados com risco de crédito (*high yield*)
4. Imóveis
5. Ações de países emergentes
6. Ações da Europa e do Sudeste Asiático
7. Ações de baixa capitalização
8. Ações de segunda linha
9. Letras do Tesouro

à carteira existente. A última classificação no gráfico foi calculada com base no desvio padrão dos retornos mensais dos investimentos, no período de 1980 a 1997[2]. O desvio padrão é uma boa medida do risco de um investimento. Nos três diferentes grupos, a ordem de classificação e de grandeza da contribuição de risco é semelhante à classificação de risco obtida quando se utilizam as medidas de desvio padrão.

O desvio padrão, no entanto, mede o grau de risco do investimento e não a maneira pela qual o risco do portfólio mudaria se o investimento fosse incluído. Convém lembrar o exemplo anterior, em que as ações A e B tinham o mesmo risco, mas, combinadas, reduziam o risco da carteira. O importante não é o nível de risco de cada investimento, mas a forma como cada um deles interage com a carteira.

Na Figura 6.3A, o gráfico exibe o desvio padrão de retornos mensais das ações, de cada investimento, em contraposição à contribuição de risco do investimento para o portfólio, medido pelo beta.

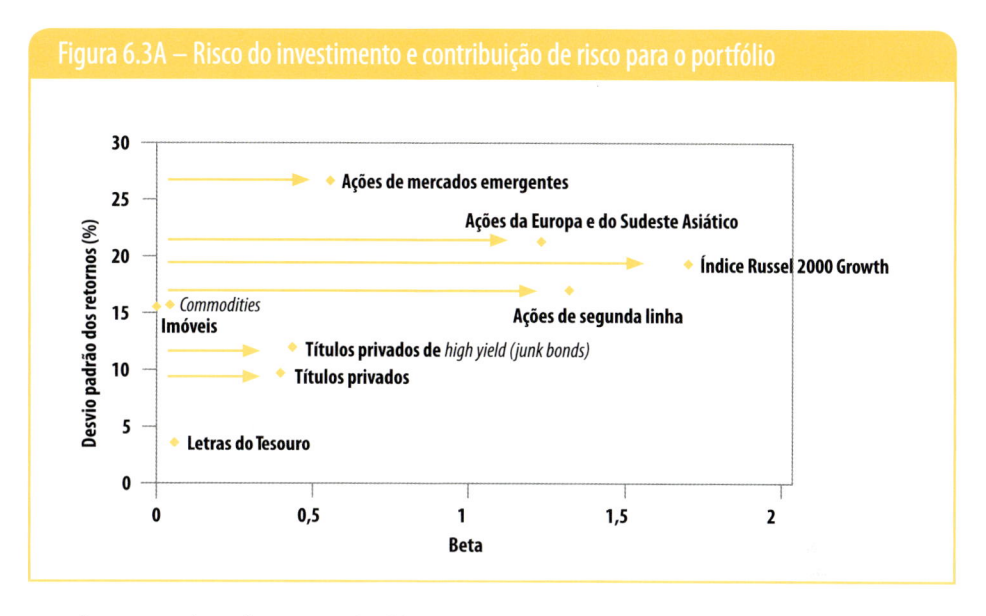

Figura 6.3A – Risco do investimento e contribuição de risco para o portfólio

Gráfico: Desvio padrão dos retornos (%) no eixo y versus Beta no eixo x

- Ações de mercados emergentes
- Ações da Europa e do Sudeste Asiático
- Índice Russel 2000 Growth
- Commodities
- Imóveis
- Ações de segunda linha
- Títulos privados de *high yield* (junk bonds)
- Títulos privados
- Letras do Tesouro

Um beta maior do que 1 indica que o investimento aumentaria o risco da carteira, enquanto um beta menor do que 1 indicaria a redução desse risco.

Deve-se notar que a última classe de risco na Figura 6.2 é simplesmente o eixo *y* da figura 6.3A. Devido à contabilidade mental, os investidores vêem o risco da inclusão de um investimento em sua carteira como o risco individual do investimento (isto é, seu desvio padrão). Entretanto, a contribuição real de risco à carteira é medida no eixo *x*.

A Figura 6.3B mostra que, para reduzir o risco de uma carteira, deve-se incluir *commodities* e bens imóveis. Isso causa surpresa? Por outro lado, as ações de baixa capitalização e as do tipo índice Russel 2000 Growth aumentam o risco. Analisadas isoladamente, as ações de mercados emergentes são os investimentos de maior risco do exemplo; porém, se fossem incluídas na carteira, interagiriam com ela a ponto de reduzir seu risco.

Figura 6.3B – Variação de risco do portfólio após inclusão do investimento

Menor risco							Maior risco
Letras do Tesouro	Commodities	Títulos privados	Títulos privados de *high yield (junk bonds)*	Ações de mercados emergentes	Ações da Europa e do Sudeste Asiático	Ações de baixa capitalização	Índice Russel 2000 Growth
Imóveis							

PERCEPÇÃO DO RISCO NO MUNDO REAL

Os planos de previdência públicos demonstram como a percepção errada dos riscos decorrentes da contabilidade mental afeta os portfólios. Esses planos previdenciários são os planos de aposentadoria para servidores públicos, como professores, policiais e servidores estaduais e municipais. Anualmente, o governo estadual ou municipal destina verbas para investimentos que, no futuro, serão usadas como benefícios de aposentadoria. Para tal finalidade, contratam-se gestores profissionais de recursos, mas o governo tem o poder de limitá-los a apenas investir em papéis específicos, como tentativa de reduzir o risco de sua carteira. Devido à contabilidade mental, ao tomar tais decisões, as autoridades encarregadas tendem a considerar o risco individual de cada valor mobiliário (como na Figura 6.3B), em vez de considerar o efeito de interação de risco (ver a mesma tabela).

A Associação das Autoridades Financeiras Governamentais (Government Finance Officers Association) pesquisou os planos de previdência em 1999. Procuraram saber quais as restrições impostas aos investimentos, tendo recebido respostas de 211 planos[3]. Convém lembrar que a Figura 6.3B demonstrou que imóveis, títulos privados e até mesmo ações estrangeiras podem reduzir o risco de uma carteira comum. Contudo, 14 planos responderam não poder investir em imóveis. Outros 8 não podiam investir em títulos privados, ao passo que 19 planos não podiam investir em papéis estrangeiros. Havia outras restrições, tais como limitar os investimentos em imóveis, títulos privados e valores mobiliários estrangeiros a apenas 5% da carteira. O interessante é que 3 dos planos não podiam, em nenhuma circunstância, investir em ações americanas. Seria bom que esses legisladores fizessem um curso de finanças...

COMO CRIAR PORTFÓLIOS COMPORTAMENTAIS

Os investidores apreciam a idéia da diversificação, mas não constroem suas carteiras de acordo com a teoria do portfólio. O que fazem, então, para montar uma carteira diversificada?

Hersh Shefrin e Meir Statman demonstram que os vieses psicológicos dos investidores fazem-nos pensar em suas carteiras como se fossem uma pirâmide de ativos[4]. Cada uma de suas camadas representa ativos destinados a atingir um objetivo específico.

Na pirâmide da Figura 6.4, as pessoas têm contas imaginárias distintas para cada objetivo de investimento, estando dispostas a assumir diferentes níveis de risco. Selecionam os investimentos para cada conta, buscando ativos compatíveis com o risco e o retorno esperados por sua "imaginação".

Acima de tudo, os investidores buscam sua segurança. Por isso, alocam muitos ativos na camada mais segura, ou seja, na base da pirâmide, de acordo com as exigências de suas contas imaginárias. Contas imaginárias com níveis mais altos de retorno esperado e de tolerância a risco permitem alocar outros investimentos nas camadas superiores. Por exemplo, os aposentados precisam que seus investimentos tenham renda; conseguem atingir esse objetivo por meio de

Figura 6.4 – Pirâmide representativa de um portfólio comportamental

Para enriquecer – títulos de alto risco, como ações estrangeiras, IPOs (ofertas públicas primárias de ações), etc.

Para renda – títulos de dívida, ações que pagam altos dividendos, etc.

Para preservar o patrimônio – investimentos seguros, como CDBs, fundos DI (*money market*) e letras do Tesouro.

uma camada com títulos e ações que paguem altos dividendos. Depois de obtida a renda, sua próxima exigência pode ser proteger-se frente à inflação. Para tanto, necessitam ter investimentos com potencial de crescimento nessa camada.

Vimos acima que cada conta imaginária destina uma quantia específica para cada um dos objetivos. O que determina o valor total a ser alocado em investimentos seguros é a quantidade dessas contas que necessitam de segurança para poder preservar o patrimônio. Em contraposição, algumas contas imaginárias especificam ativos que têm por finalidade enriquecer. Resumindo, a alocação total dos ativos em uma carteira de investimentos é determinada pelo montante destinado pelas contas imaginárias a cada classe de ativos. Os investidores sem grandes objetivos de segurança colocarão mais recursos em ativos de alto risco. Já os que visam a um maior grau de segurança ou um maior rendimento terão mais ativos nas camadas da pirâmide compatíveis com esse objetivo.

Considere um investidor médio, com recursos investidos em um plano de previdência do tipo 401(k)[N.T] que, a seus olhos, parece ser bem diversificado é importante atentar para as duas seções seguintes). Como o plano em questão atende a seus objetivos de renda de aposentadoria, o nível seguinte da pirâmide, para ele, talvez seja ter um padrão de vida mais alto ao se aposentar, ou fazer uma poupança para cobrir o custo da educação universitária dos filhos. Os fundos de investimento casam-se perfeitamente com quem investe com esse objetivo.

Mais acima na pirâmide, a pessoa pode querer tornar-se rica. Esse objetivo pode ser atingido por meio de uma conta em uma corretora do tipo *discount brokerage*. O número médio de ações em uma conta dessas é de apenas três[5], sendo que os investidores de médio porte operam cerca de três vezes ao ano. Contudo, esse baixo nível de diversificação talvez não seja um problema, porque é provável que o investidor tenha outros tipos de investimentos (como planos de previdência ou fundos de investimento). O resultado desses vários objetivos e contas imaginárias é que o investidor médio acaba tendo diversas mini-carteiras. A composição do portfólio total é determinada, construída e modificada pelos objetivos de investimento e suas respectivas contas imaginárias. Em geral, os investidores negligenciam a interação entre tais contas e seus investimentos. Por esse motivo, sua diversificação provém da diversificação de seus objetivos de investimento, em vez de advir da diversificação intencional dos ativos, como sugere Markowitz em sua teoria de portfólio.

Em última análise, isso significa que a maioria dos investidores não tem carteiras eficientes. Por esse motivo, assumem um risco alto demais para o nível de retorno esperado que vêm con-

Nota do tradutor: Nos EUA, plano de poupança para a aposentadoria em que os empregados investem recursos de seus salários, pré-tributação, sendo essas contribuições equiparadas em certo percentual pelo empregador.

seguindo. Em outras palavras, poderiam obter retornos bem melhores pelo nível de risco que estão correndo.

DIVERSIFICAÇÃO INGÊNUA

Ainda que devessem considerar toda a carteira ao tomar suas decisões, os investidores normalmente se atêm apenas ao contexto limitado de uma única situação. Por exemplo, ao investir para a aposentadoria, a pessoa coloca alguns de seus ativos em planos previdenciários, tais como o IRA[NT] e o plano 401(k), e em outros tipos de ativos. Supondo-se que o portfólio mais eficiente para essa pessoa contenha 50% de ações e 50% de títulos, ela provavelmente colocará metade dos recursos de seu plano em ações e a outra metade, em títulos. E agirá da mesma forma com os demais ativos além dos planos de aposentadoria. Essa, no entanto, não é a melhor distribuição de recursos, pois a pessoa terá de pagar impostos sobre os rendimentos dos ativos que não compõem seus planos de previdência, como os títulos de dívida.

A melhor opção seria investir os recursos em títulos, em planos previdenciários e comprar ações com os demais ativos. O portfólio todo, ainda assim, combinaria ações e títulos, meio a meio, mas o investidor pagaria menos imposto por ano. Contudo, fica difícil para os investidores distribuírem seus ativos dessa forma, pois a prática conservadora de investir em títulos nos planos de previdência não é compatível com suas metas de investimento, como ficou claro na contabilidade mental da aposentadoria.

PLANOS DE PREVIDÊNCIA

O plano previdenciário 401(k) é um bom exemplo de contabilidade mental e diversificação ingênua dos investidores. Os empregadores oferecem diferentes opções de investimento nesse tipo de plano.

Nota do tradutor: Individual Retirement Account – conta individual de aposentadoria – fundo de pensão, nos EUA, no qual o empregado pode contribuir com uma soma de até US$ 2 mil.

Por exemplo, um deles pode oferecer a opção de um fundo de títulos e três fundos de ações; outro plano pode ter um fundo de títulos e um de ações. Quais os investimentos que os funcionários escolhem?

Eles têm a tendência de diversificar seus investimentos em planos 401(k) usando a regra **1/n**. Diz um velho ditado que "nunca se deve colocar todos os ovos em uma única cesta"; no entanto, esse ditado não dá nenhuma dica de como distribuí-los. Deve-se dividi-los igualmente em diversas cestas? Se houver três opções nos planos 401(k), deve-se colocar um terço dos recursos em cada uma?

O interessante é que isso ocorre sejam quais forem as opções. Por exemplo, o plano oferecido para os pilotos da TWA contém cinco fundos de ações e um de títulos. Se todos os pilotos usassem a regra **1/n**, era de se esperar que 83% (5/6) da média das carteiras estivesse investida em ações. De fato, os pilotos da TWA investem uma média de 75% em ações, bem mais do que os 57% da média nacional. Já no plano oferecido aos funcionários da Universidade da Califórnia (UC), há um fundo de ações e quatro de títulos. A média de ações para os funcionários da UC equivale a apenas 34%. De fato, o número e o tipo das opções de investimento parecem ter parte importante na distribuição dos bens dos funcionários. Pelo menos, alguns deles parecem usar a regra da diversificação "ingênua" de **1/n**[6].

Outro exemplo é a contabilidade mental com as ações da empresa incluídas no plano 401(k). Os funcionários parecem tratar de modo diferente as ações do local em que trabalham, considerando-as mais seguras em comparação com um portfólio diversificado. Uma pesquisa feita em 1995 pela empresa de serviços financeiros John Hancock constatou tal fato.

As ações da própria empresa são, freqüentemente, uma das opções do plano 401(k). Em um estudo com 170 diferentes planos corporativos desse tipo, Shlomo Benartzi e Richard Thaler constataram que 103 planos incluíam ações da empresa como opção. Nos 67 planos que não faziam isso, os funcionários distribuíam 49,2% de seus recursos em ações. Essa divisão quase meio a meio é comum; aqueles que têm como opção as ações da empresa investem nelas em média 42% de seus bens. Para obter uma divisão eqüitativa entre ações e títulos, deveria investir em títulos a maior parte que resta de seus recursos. Contudo, em vez disso, dividem esse restante meio a meio entre ações e títulos. Assim sendo, os funcionários cujos planos possuem ações da empresa acabam tendo uma média de 71% de sua carteira investida em ações. Aparentemente, eles alocam as ações da empresa onde trabalham em uma conta imaginária específica, não associada às demais ações.

As ferramentas das teorias tradicionais das finanças, como a moderna teoria de portfólio, podem ajudar os investidores a construírem carteiras eficientes, maximizando seu patrimônio com níveis aceitáveis de risco. No entanto, a contabilidade mental dificulta a implementação dessas ferramentas. Os investidores a usam para compatibilizar objetivos de investimento e alocações de recursos diferentes. Com isso, diversificam seu portfólio, investindo em todas as alternativas com que se defrontam, quaisquer que sejam.

Mesmo os investidores que superam a inclinação natural por fazer a contabilidade mental e implementam a eficiência do portfólio moderno freqüentemente são assaltados por dúvidas quanto à própria escolha. O conceito de integrar classes de ativos que mostram baixa correlação indica que uma ou mais das classes de ativos na carteira provavelmente tiveram um mau desempenho, em um dado momento. É comum, mesmo entre aqueles que acreditam no argumento da diversificação, direcionar sua atenção às classes de ativos com mau desempenho e querer eliminá-las de suas carteiras.

Perguntas

1. De que maneira a contabilidade mental torna os conceitos da correlação difíceis de serem implementados pelos investidores?

2. Considere uma família cujos pais estão na faixa dos 40 e têm filhos adolescentes. Como seria a carteira de investimentos dessa família se os pais a construíssem pelo processo comportamental? Compare-a com uma carteira que fosse construída de acordo com os princípios da moderna teoria de portfólio.

3. De que forma o número de opções de investimento afeta a alocação de recursos em um plano de previdência do tipo 401(k)?

Notas finais

1. Roger G. Clarke, Scott Krase e Meir Statman, "Tracking Errors, Regret, and Tactical Asset Allocation", *Journal of Portfolio Management* 20 (1994): 16-24.

2. Dados retirados de Frank K. Reilly e Keith C. Brown, *Investment Analysis Portfolio Management,* Tabela 3.7 (página 93). Dryden Press, Harcourt College Publishers, 2000.

3. Resultados calculados a partir da base de dados Pendat 2000, que pode ser obtida na Government Finance Officers Association.

4. Hersh Shefrin e Meir Statman, "Behavioral Portfolio Theory", *Journal of Financial and Quantitative Analysis* 35 (2000): 127-151; Meir Statman, "Foreign Stocks in Behavioral Portfolios", *Financial Analysts Journal* (mar./abr. 1999): 12-16.

5. Ravi Dhar e Ning Zhu, *Up Close and Personal: an Individual Level Analysis of the Disposition Effect,* Yale ICF - trabalho # 02-20, ago. 2002.

6. Esse exemplo e outros podem ser encontrados em Shlomo Benartzi e Richard H. Thaler, "Naïve Diversification Strategies in Defined Contribution Savings Plans", *American Economic Review* 91(2001): 79-98.

7

Representatividade e familiaridade

As pesquisas em Psicologia demonstram que o cérebro usa atalhos para reduzir a complexidade na análise de informações. Tais atalhos permitem gerar estimativas para as respostas antes do total processamento das informações. Entre os muito usados, estão os atalhos da *representatividade* e da *familiaridade*. Seu uso permite ao cérebro organizar e processar, rapidamente, grandes quantidades de informação. Contudo, ambos os atalhos têm o inconveniente de dificultar aos investidores a análise correta dos novos dados, podendo levar a conclusões erradas.

REPRESENTATIVIDADE

O cérebro parte da premissa de que todas as coisas que compartilham qualidades semelhantes têm similaridade entre si. A representatividade é o julgamento que se baseia em estereótipos. Considere a seguinte questão:

Mary é tranqüila, estudiosa e preocupada com as questões sociais. Fez o curso de graduação em Berkeley, formando-se em Literatura Inglesa e Estudos Ambientais. De posse dessas informações, indique qual das três possibilidades seguintes é a mais provável:

a) Mary é bibliotecária.
b) Mary é bibliotecária e sócia do Sierra Club[N.T].
c) Mary trabalha no setor bancário.

Fiz essa pergunta a alunos da graduação em investimentos, mestrandos em administração de empresas e consultores em finanças. Mais da metade dos pesquisados deu como resposta a alternativa *b*: *Mary é bibliotecária e sócia do Sierra Club*. Selecionaram essa resposta por julgarem que é o tipo de carreira escolhida por uma pessoa estudiosa e preocupada com as questões sociais. Mas a pergunta era "qual é a situação mais provável" e não em qual dessas Mary seria mais feliz.

A resposta *a*, *Mary é bibliotecária*, é uma resposta superior à *b*. Ser bibliotecária e sócia do Sierra Club não exclui ser bibliotecária, ou seja, a resposta *b* é um subconjunto da *a*. E como a alternativa *a* inclui a *b*, é mais provável que a resposta *a* seja a verdadeira. Ao fazer o exercício, entre um quarto e um terço dos participantes o compreendeu, escolhendo, assim, a resposta *a* em vez da *b*.

Mas a melhor resposta é a *c*: *Mary trabalha no setor bancário*. Sabe-se que o número de pessoas que trabalham em bancos é muito maior do que em bibliotecas e, por haver muito mais empregos no setor bancário, é muito mais provável que alguém trabalhe em um banco do que em uma biblioteca. Mas, como trabalhar no setor bancário não é representativo do atalho que o cérebro criou para descrever Mary, poucas pessoas escolheram a resposta *c*.

REPRESENTATIVIDADE E INVESTIMENTOS

As pessoas também cometem erros de representatividade nos mercados financeiros. Por exemplo, os investidores confundem boas empresas com bons investimentos. Boas empresas são as que geram

---

Nota do tradutor: Fundado em 1892, é o mais antigo e influente organismo ambientalista da sociedade civil que, inspirado pela natureza, age em proteção às comunidades e ao planeta.

fortes resultados, têm alto crescimento no faturamento e são bem administradas. Bons investimentos são as ações cujo preço sobe mais do que o das outras. Sendo assim, as ações de boas empresas são um bom investimento? Pode ser que não.

Classificar boas ações como as de empresas com um histórico de aumento consistente nos ganhos é ignorar o fato de que poucas delas conseguem manter os altos níveis de crescimento. Sua popularidade, sem dúvida, faz o preço subir. Contudo, com o tempo, percebe-se que os investidores foram demasiadamente otimistas em suas previsões de crescimento futuro, e o preço das ações cai. A isso se chama *reação exagerada*[2].

Essa mesma questão foi estudada por três economistas da área de finanças, Josef Lakonishok, Andrei Shleifer e Robert Vishny (daqui em diante, L, S & V), que acompanharam o desempenho do tipo de ações que os investidores costumam considerar como ações em crescimento. Esses pesquisadores designaram tais ações como ações glamorosas ou *glamour stocks*, ao passo que as de empresas consideradas ruins, com chances mínimas de crescimento, são as ações de valor, ou seja, com potencial de valorização, ou *value stocks*. Para os investidores, empresas em crescimento são aquelas com operações crescentes. L, S & V calcularam a taxa média de aumento no faturamento de todas as empresas, nos últimos cinco anos. Entre elas, 10% registraram a maior média de aumento e foram consideradas empresas glamorosas ou atrativas, enquanto as que tiveram o menor aumento no faturamento foram as empresas em valorização. Ações glamorosas ou com potencial de valorização – qual das duas teria sido o melhor investimento ao longo do ano seguinte? E dentro dos próximos cinco anos?

Usando dados referentes a todas as ações listadas na Bolsa de Valores de Nova York e na Bolsa Americana de Valores, no período de 1963 a 1990, L, S & V informaram os resultados do exercício acima na Figura 7.1[3]. Se comprasse as ações atrativas, o investidor teria um retorno de 11,4% no ano seguinte, ao passo que, com as ações em

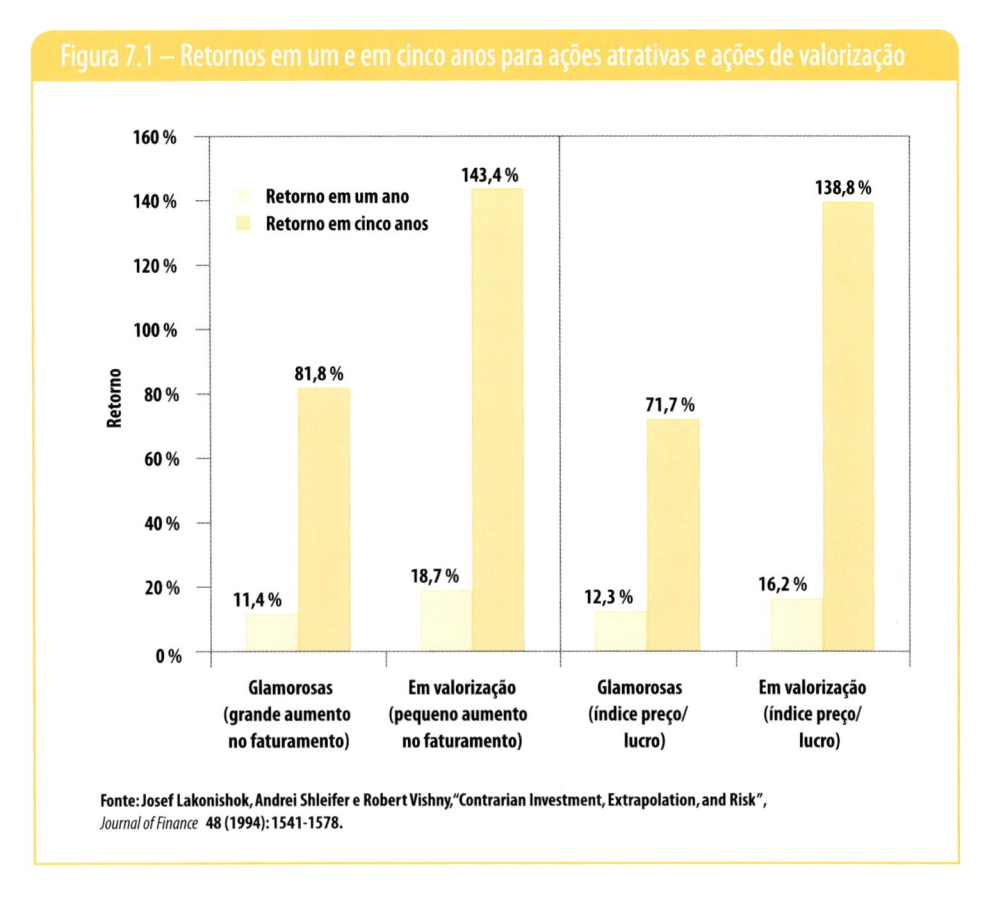

Figura 7.1 – Retornos em um e em cinco anos para ações atrativas e ações de valorização

Categoria	Retorno em um ano	Retorno em cinco anos
Glamorosas (grande aumento no faturamento)	11,4%	81,8%
Em valorização (pequeno aumento no faturamento)	18,7%	143,4%
Glamorosas (índice preço/lucro)	12,3%	71,7%
Em valorização (índice preço/lucro)	16,2%	138,8%

Fonte: Josef Lakonishok, Andrei Shleifer e Robert Vishny, "Contrarian Investment, Extrapolation, and Risk", *Journal of Finance* 48 (1994): 1541-1578.

valorização, o retorno teria sido de 18,7%. A média do retorno total, ao longo de um período de cinco anos, é de 81,8% para as atrativas e de 143,4% para as ações com potencial de valorização.

Uma outra medida muito usada para avaliar ações glamorosas e com potencial de valorização é a relação ou índice preço/lucro. As empresas com altos índices de preço sobre lucro são mais atrativas do que as com baixos índices. O gráfico demonstra que também, ao se usar como medida o índice preço/lucro, as ações em valorização superaram as glamorosas.

Boas empresas nem sempre são sinônimo de bons investimentos. Com freqüência, os investidores se enganam ao acreditar que o desempenho operacional passado de uma empresa é garantia de seu desempenho futuro, ignorando, assim, as informações que não se encaixam nessa noção enganosa. Não há empresa boa que tenha um bom desempenho para sempre, assim como não há empresa ruim que tenha um mau desempenho para sempre.

Os investidores também cometem o erro da extrapolação quando examinam os retornos passados das ações. Por exemplo, uma ação que teve um mau desempenho nos últimos três a cinco anos é considerada em posição perdedora; por outro lado, as que, em igual período, tiveram desempenho excelente são consideradas ações vencedoras. Os investidores julgam que o retorno passado sinaliza o que podem esperar no futuro. Comprovadamente, gostam de ir atrás das vencedoras e compram ações que apresentam tendência de alta no preço[4]. No entanto, as que estão em posição perdedora tendem a superar as que estão em posição vencedora em 30%, nos três anos seguintes[5].

Quem investe em fundos de investimento também comete o mesmo erro de extrapolação. Os fundos listados nas revistas e jornais com o mais alto desempenho recente são os que recebem uma enxurrada de investidores. Tais pessoas vivem à caça dos fundos vencedores.

Na verdade, esse tipo de investimento é tão popular que tem um nome específico: investimento de *momentum*, ou seja, aquele impulso que leva o investidor a acompanhar o fluxo do mercado. Investidores de *momentum* procuram ações e fundos de investimento que tiveram bom desempenho na semana, mês ou trimestre anterior. Já os *traders* de *momentum* procuram os bons desempenhos das últimas horas ou até mesmo minutos. A mídia ajuda a agravar esse viés; por exemplo, todos os dias, o *Wall Street Journal* divulga as ações que tiveram maior porcentual de ganhos na véspera, e, ao longo do dia, a rede CNBC anuncia as que estão registrando maior variação em seu preço.

Mesmo os professores de finanças são influenciados pelo viés da representatividade. Ivo Welch realizou várias pesquisas com professores de economia financeira[6], iniciadas em 1997 e 1998, e complementadas com um estudo adicional em 1999. Esse trabalho deu origem a 226 respostas. É interessante observar que o estudo foi concluído numa época em que o mercado estava fortemente em alta. Uma das perguntas indagava qual o prêmio anual de risco esperado no mercado de ações, ao longo dos trinta anos seguintes. A média das respostas foi 7,2%. Em outra pergunta, que comparava a reversão à média do retorno do mercado acionário com a teoria da hipótese de um "caminho aleatório" (*random walk*)[N.T], os professores mostraram-se mais inclinados à idéia de que há, de fato, uma reversão à média do mercado. Welch repetiu a pesquisa mais uma vez em 2001, quando o ambiente do mercado era bem diferente – para dar uma idéia do cenário, o Índice S &P 500 caíra uns 25% de seu valor de pico. Em vista da manifestação anterior de que os retornos das ações podiam reverter à sua média, era de se esperar que os professores dessem uma estimativa mais alta do prêmio pago às ações após uma queda no mercado. Contudo, a média anual do prêmio de risco para o mercado acionário, num período de trinta anos, foi de apenas 5,5%. Convém observar que esse porcentual é consideravelmente mais baixo do que a estimativa fornecida apenas três anos antes. Muito embora sua estimativa atualizada fosse cerca de 2% mais baixa, eles reiteraram a crença em que os retornos das ações costumam reverter à sua média. Ainda assim, suas estimativas não condizem com tal crença; suas respostas condizem com a noção de que o passado mais recente reflete o que acontecerá no futuro.

Em resumo, os investidores consideram que os resultados operacionais passados de uma empresa e o desempenho anterior das ações são representativos das expectativas futuras. Infelizmente, as empresas tendem a reverter à média a longo prazo, ou seja, as empresas

---

Nota do tradutor: Teoria que estabelece que os preços das ações seguem um "caminho aleatório", portanto os preços passados não têm valor no cálculo de preços futuros.

em rápido crescimento reduzem suas taxas de crescimento à medida que aumenta a concorrência. E, em contrapartida, os investidores descobrem, muito desapontados, que as ações *não tiveram o desempenho esperado*.

FAMILIARIDADE

As pessoas preferem aquilo que lhe é familiar. Em geral, os moradores de uma determinada cidade torcem pelos times locais e os funcionários gostam de possuir ações da empresa em que trabalham. Isso porque já estão familiarizados com os times de futebol e com a empresa que os emprega.

Quando as pessoas se defrontam com duas opções arriscadas e têm mais informações sobre uma delas, escolhem aquela que lhe é mais familiar. Diante de duas apostas diferentes, em que as chances de vencer são as mesmas, sendo que as pessoas têm mais experiência em uma das duas, elas certamente escolhem a mais conhecida. Na verdade, há vezes em que escolhem esta última mesmo se as chances de vitória são menores[7].

FAMILIARIDADE GERA INVESTIMENTOS

Nos Estados Unidos, há milhares de potenciais investimentos em ações e títulos, bem como muitas outras opções do exterior. Sendo assim, como os investidores escolhem em que investir? Será que analisam o risco e o retorno esperado em cada investimento? Não, eles simplesmente negociam com os valores mobiliários com os quais têm mais familiaridade[8]. Para o investidor, é bem mais tranqüilo investir em um negócio que lhe seja visível.

Como exemplo, consideremos a dissolução do monopólio da AT&T na telefonia norte-americana em sete companhias telefônicas regionais conhecidas como "Baby Bells". Doze anos após a dissolução,

Gur Huberman decidiu analisar a participação societária destas. E foi quando constatou que é mais provável que os investidores tenham ações da companhia telefônica local do que de uma das operadoras de outra região, ou seja, eles se sentem melhor investindo nas empresas mais conhecidas. A preferência por investir "na vizinhança" também se aplica aos gestores de investimentos[9].

A inclinação de investir no que lhes é familiar faz as pessoas investirem muito mais em seu próprio país do que sugerem as idéias tradicionais de diversificação. Os investidores seguem a "influência da vizinhança" porque as empresas de seu próprio país lhes são mais conhecidas do que as estrangeiras.

A Figura 7.2 ilustra a influência da vizinhança[10]. O mercado acionário dos Estados Unidos detém 47,8% do valor total de todas as ações do mundo, cabendo ao do Japão e ao do Reino Unido, respectivamente, 26,5% e 13,8% das posições mundiais. Portanto, para diversificar integralmente uma carteira de ações, os investidores teriam que distribuir 47,8% em ações americanas, 26,5% em ações japonesas e 13,8% em ações britânicas. Na verdade, a teoria tradicional de portfólio sugere que todos os investidores deveriam fazer essa distribuição.

Será que, na vida real, os investidores a fazem? Não. As carteiras de investidores americanos têm 93% em ações americanas – e não os 47,8% previstos pela teoria de portfólio. Os japoneses detêm 98% investidos em ações japonesas, enquanto, na carteira dos britânicos, o porcentual de ações britânicas é de 82%. Como indicam os números, os investidores compram ações de empresas que lhes são conhecidas e, em geral, as pessoas sentem-se menos familiarizadas com empresas do exterior.

Mas, quando as pessoas investem parte de seus recursos em firmas estrangeiras, que tipo de empresas costumam comprar? Com certeza, as que são conhecidas, isto é, empresas grandes, cujos produtos são amplamente difundidos. Por exemplo, os investidores não japoneses costumam possuir ações de grandes companhias japonesas[11].

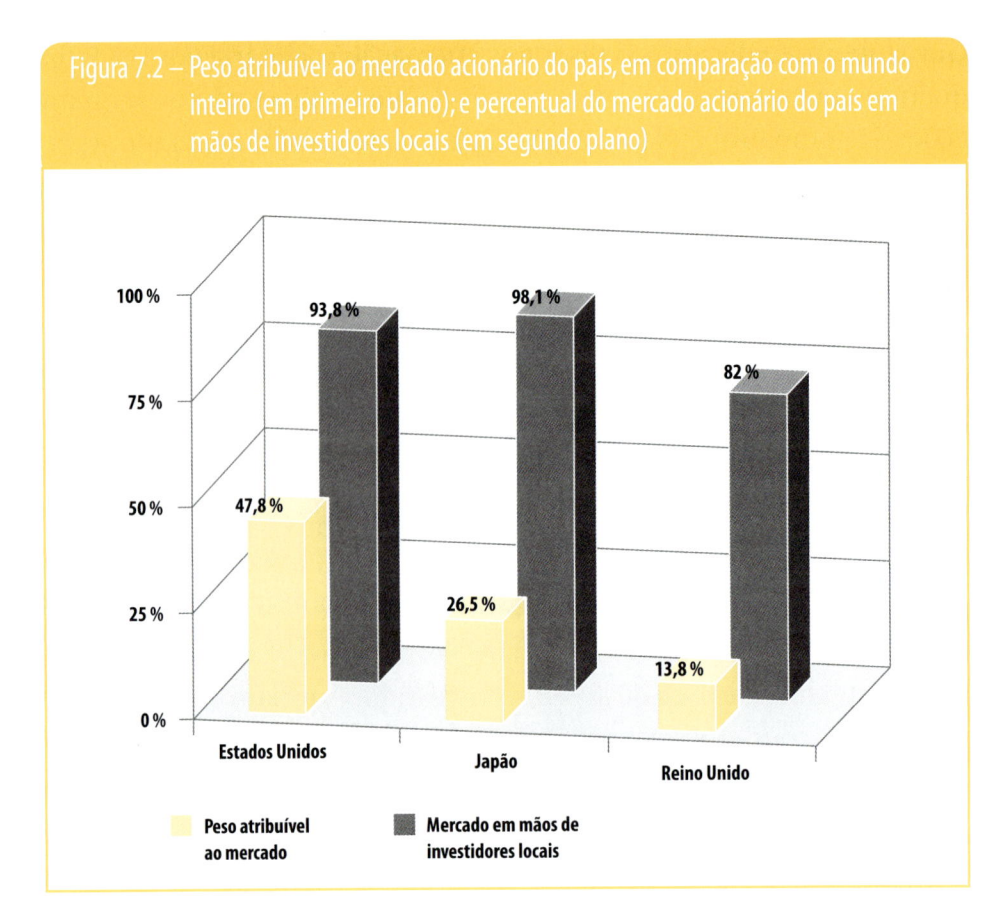

Figura 7.2 – Peso atribuível ao mercado acionário do país, em comparação com o mundo inteiro (em primeiro plano); e percentual do mercado acionário do país em mãos de investidores locais (em segundo plano)

País	Peso atribuível ao mercado	Mercado em mãos de investidores locais
Estados Unidos	47,8%	93,8%
Japão	26,5%	98,1%
Reino Unido	13,8%	82%

As firmas menores que atraem investidores não japoneses são as que exportam em grande escala. O Capítulo 6 nos demonstrou que, ao investir, as pessoas não pensam em sua carteira através da perspectiva da moderna teoria de portfólio. Se fizessem isso, é bem provável que detivessem muito mais participações acionárias no exterior. De fato, as pequenas alocações que os investidores destinam a ações estrangeiras indicam que eles percebem o grau de risco dos ativos do exterior como sendo entre duas a cinco vezes maior do que, historicamente, tal risco tem sido[12]. Os investidores também têm a percepção de que o retorno sobre os ativos conhecidos é mais alto do que o daqueles que não lhes são familiares.

A empresa Merrill Lynch analisa, mensalmente, os gestores de fundos do mundo inteiro. Os gestores da Europa continental prevêem que os retornos das ações de seus países serão mais altos do que os das ações do Reino Unido, dos Estados Unidos e do Japão[13]. Ao mesmo tempo, os gestores do Reino Unido prevêem que os retornos das ações inglesas serão os mais altos. Em resumo, os investidores são mais otimistas à subida de preços das ações do mercado nacional do que às de mercados estrangeiros. O viés da familiaridade torna-os confiantes demais em relação às ações que conhecem, levando-os a analisá-las com demasiado otimismo quanto a risco e retorno. Da mesma maneira, avaliam as ações com as quais não estão familiarizados com demasiado pessimismo quanto ao seu risco e retorno.

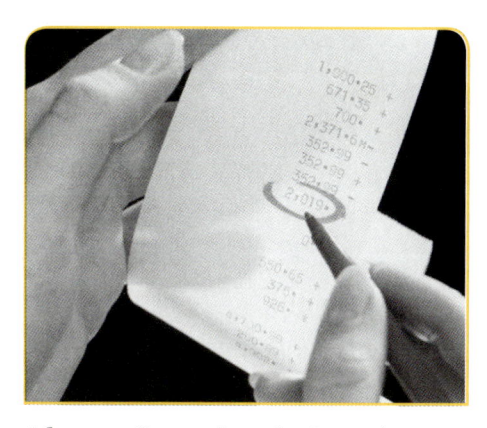

Já os norte-americanos escolhem empresas estrangeiras conhecidas e forçam suas carteiras em direção a companhias americanas. Além disso, inclinam-nas para as empresas regionais. Por exemplo, a matriz da Coca-Cola situa-se em Atlanta, na Geórgia. Os investidores que vivem na Geórgia detêm 16% da Coca-Cola[14], sendo que a maioria deles é de Atlanta. A Coca-Cola vende seus produtos no mundo todo, mas os mais familiarizados com a empresa são os que detêm um porcentual maior de seu capital acionário.

Os gestores profissionais de recursos também investem no conhecido. Muito embora tenham acesso a várias fontes de informação e ferramentas de análise, os investidores profissionais americanos direcionam suas carteiras para as empresas regionais. Isso é especialmente verdadeiro quando se trata de pequenas empresas e empresas de maior risco. Em média, as empresas cujas ações um gestor profissional costuma comprar ficam 160 km mais próximas de seu escritório do que outra empresa americana qualquer[15].

FAMILIARIDADE GERA PROBLEMAS NOS INVESTIMENTOS

Com que empresa o leitor está mais familiarizado? Em geral, as pessoas estão mais familiarizadas com a empresa na qual trabalham. Essa familiaridade faz com que elas invistam a aposentadoria em ações dessa empresa. Por exemplo, o plano de previdência oferecido pela empresas nos EUA, 401(k), permite que os funcionários invistam recursos em outras alternativas, tais como fundo de ações diversificadas, fundo de títulos e outros instrumentos do mercado monetário. Uma alternativa bastante comum são as ações da própria empresa.

A teoria tradicional de portfólio sugere que os funcionários diversifiquem os recursos de sua aposentadoria com diferentes ações, títulos e fundos do mercado monetário, segundo seu próprio nível de tolerância a risco. Quem seleciona ações de somente uma empresa não está praticando a diversificação. Considerando que as pessoas têm vínculo empregatício com a empresa, ou seja, que o capital proveniente de seu fluxo de salários está atrelado a ela, se realmente quiserem diversificar, deveriam evitar investir nela também o seu capital financeiro.

Se seu emprego e seus recursos de aposentadoria dependerem de uma única empresa, é bom se preparar para levar um susto. Considere a enrascada em que se viram os funcionários de empresas como a Enron e a Global Crossing. Tomando-se por base os valores de pico no preço das ações, a proporção de recursos nos planos previdenciários dos funcionários da Enron investidos em ações da empresa era de 60%. Na Global Crossing, essa proporção chegava a 53%. Após a apresentação do pedido de falência da Enron, a mídia noticiou que havia funcionários com todo o seu fundo de previdência investido em ações da empresa. Para completar, muitos deles ainda perderam o emprego.

É comum o funcionário investir o dinheiro da aposentadoria em ações da empresa em que trabalha? É, sim. Em uma pesquisa com 246 das maiores companhias americanas, 42% do total dos recursos investidos nos planos previdenciários eram em ações da própria empresa[16].

E é uma decisão tomada pelos próprios funcionários, que gostam de investir nas ações de seu empregador por se sentirem familiarizados. Que perigo!

Quando se tem familiaridade com algo, tem-se uma percepção distorcida desse algo. Nos esportes, por exemplo, as pessoas sempre acreditam que o time para o qual torcem irá vencer e que a equipe adversária será derrotada. Da mesma maneira, os investidores vêem com bons olhos os investimentos que conhecem, acreditando que darão maiores retornos e terão menores riscos do que aqueles com os quais não estão familiarizados. Por exemplo, os americanos acreditam que o mercado americano de ações terá um desempenho melhor do que o mercado alemão; por sua vez, os alemães julgam que o mercado de ações de seu país será o de melhor desempenho[17]. Seguindo a mesma linha de raciocínio, quem trabalha em uma empresa acredita que as ações de seu empregador são um investimento mais seguro do que um portfólio de ações diversificado[18].

É arriscado concentrar muito de sua carteira em uma única ação, mas ninguém parece querer acreditar nisso quando se trata das ações de uma empresa onde se trabalha. O *site* morningstar.com fez a seguinte pergunta a investidores: o que tem mais probabilidade de perder metade de seu valor: as ações de sua empresa ou todo o mercado de ações? Obviamente, é muito mais provável que uma única empresa sofra tamanha mudança de preço do que um portfólio diversificado, especialmente o mercado como um todo. No entanto, entre os mais de mil investidores que responderam à pergunta, apenas 16,4% disseram que suas empresas eram mais arriscadas do que o mercado de ações em geral[19]. Entre os investidores sem formação universitária, somente 6,5% acreditavam que suas empresas fossem mais arriscadas do que o mercado como um todo. Não há empresa alguma que, por si só, seja mais segura do que um portfólio totalmente diversificado, como no caso do mercado de ações em geral. É óbvio, portanto, que a familiaridade claramente distorce a percepção de risco das pessoas.

O cérebro normalmente usa o atalho da familiaridade para avaliar os investimentos, o que pode levar as pessoas a investirem demasiadamente em ações que lhes são mais familiares, como as de seu empregador. Isso só leva à total falta de diversificação. Em poucas palavras, os investidores colocam uma parte muito grande de seu patrimônio nas mãos do empregador, em empresas regionais e em ações de seu país.

COMBINANDO O VIÉS DA FAMILIARIDADE COM O DA REPRESENTATIVIDADE

É comum as pessoas combinarem o viés da familiaridade com o da representatividade. Considere a participação das ações de uma empresa nos planos de previdência de seus funcionários. Eles tendem a comprar mais ações de uma empresa após uma alta em seu preço [20]. Um estudo constatou que os funcionários de uma empresa cujo aumento no preço das ações se classificou entre os 20% maiores entre todas as empresas, nos últimos cinco anos, alocaram 31% de suas contribuições em ações da empresa. Isso é comparável a uma alocação de apenas 13% em ações de companhias cujo desempenho ficou entre as 20% piores. O comportamento real dos funcionários na distribuição de recursos em seu plano de previdência sugere que eles usam a tendência dos preços passados (que constitui o viés da representatividade) como determinante para investir nas ações da empresa (ou seja, o viés da familiaridade). Porém, isso não se enquadra em um caso de informação privilegiada que os funcionários porventura tivessem conseguido sobre as ações da companhia. As empresas com alta participação acionária nos planos de aposentadoria dos funcionários não tiveram desempenhos melhores, em média, do que aquelas com baixa participação.

Perguntas

1. Os prospectos de qualquer fundo de investimento trazem a afirmação: "O desempenho passado não é garantia de desempenho futuro". Ainda assim, os investidores tendem a usar o desempenho passado como um importante fator na tomada de decisões de investimento. Por quê?

2. Por que os investidores acreditam que o retorno será melhor e o risco menor no mercado acionário de seu país do que no exterior?

3. Como os vieses "familiaridade" e "representatividade" se combinam para influenciar os funcionários de uma empresa na hora de escolher os investimentos do plano de aposentadoria?

Notas finais

1. Ver as discussões nas seguintes fontes: Hersh Shefrin, Beyond Green and Fear: *Understanding Behavioral Finance and the Psychology of Investing*, Boston: Harvard Business School Press, 2000; Hersh Shefrin e Meir Statman, "Making Sense of Beta, Size, and Book-to-Market", *Journal of Portfolio Management* (1995): 26-34; Michael Solt e Meir Statman, "Good Companies, Bad Stocks", *Journal of Portfolio Management* (1989): 39-44.

2. Ver evidência empírica em Werner De Bondt e Richard Thaler, "Does the Stock Market Overreact?", *Journal of Finance* 40 (1985): 793-808; e modelo teórico de Nicholas Barberis, Andrei Shleifer e Robert Vishny, "A Model of Investor Sentimen", *Journal of Financial Economics* 49 (1998): 307-343.

3. Ver gráficos C e D da Tabela 1 em José Lakonishok, Andrei Shleifer e Robert Vishny", Contrarian Investment, Extrapolation, and Risk", *Journal of Finance* 48 (1994): 1541-1578.

4. Werner De Bondt, "Betting on Trends: Intuitive Forecasts of Financial Risk and Return", *International Journal of Forecasting* 9 (1993): 355-371.

5. Werner De Bondt e Richard Thaler, "Does the Stock Market Overreact?", *Journal of Finance* 40 (1985): 793-808.

6. Ivo Welch, "Views of Financial Economists on the Equity Premium and on Professional Controversies", *Journal of Business* 73 (2000): 501-537; Ivo Welch, *The Equity Premium Consensus Forecast Revisited*, Cowles Foundation discussion paper n. 1325, set. de 2001.

7. Chip Heath e Amos Tversky, "Preferences and Beliefs: Ambiguity and Competence in Choice under Uncertainty, *Journal of Risk and Uncertainty* 4 (1991): 5-28.

8. Parte da discussão foi adaptada de Gur Huberman,"Familiarity Breeds Investment", *Review of Finantial Studies* 14 (2001):659-680.

9. Joshua Coval e Tobias Moskowitz,"Home Bias at Home: Local Equity Preference in Domestic Portfolios", *Journal of Finance* 54 (1999): 2045-2073.

10. Dados provenientes da Tabela 1 de Kenneth French e James Poterba,"Investor Diversification and International Equity Markets", *American Economic Review* 81(1991):222-226.

11. Jun-Koo Kang e René Stulz,"Why is There a Home Bias? An Analysis of Foreign Portfolio Equity Ownership in Japan", *Journal of Financial Economics* 46 (1997): 3-28.

12. Kai Li,"Confidence in the Familiar: an International Perspective", Forthcoming, *Journal of Financial and Quantitative Analysis*

13. Norman Strong e Xinzhong Xu,"Understanding the Equity Home Bias: Evidence from Survey Data", *Review of Economics and Statistics* 85(2003): 307-312.

14. N. Deogun,"The Legacy: Roberto Goizueta Led Coca-Cola Stock Surge, and Its Home Prospers", *Wall Street Journal*, 20 out., 1997, p. A1.

15. Joshua Coval e Tobias Moskowitz,"Home Bias at Home: Local Equity Preference in Domestic Portfolios", *Journal of Finance* 54(1999): 2045-2073.

16. E. Schultz,"Color Tile Offers Sad Lessons for Investors in 401(k) Plans", *Wall Street Journal*, 13 set., 1996, p. C1.

17. M. Kilka e M. Weber,"Home Bias in International Stock Return Expectations", *Journal of Psychology and Financial Markets* 1(2000): 176-193.

18. K. Driscoll, J. Malcolm, M. Sirull e P. Slotter, "*1995 Gallup Survey of Dened Contribution Plan Participants*", John Hancock Financial Services, nov. 1995.

19. Shlomo Benartzi,"Excessive Extrapolation and the Allocation of 401(k) Accounts to Company Stock", *The Journal of Finance* 56 (2001): 1747-1764.

20. Ibidem

8

Interação social e investimentos

As pessoas aprendem por meio da interação com outras pessoas. Observamos o comportamento dos outros querendo interpretar o que pensam, mas gostamos mesmo é de aproveitar a interação social da conversa em si. Gostamos mesmo é de falar com os outros. Falamos sobre assuntos que nos entusiasmam, tópicos que nos interessam e até mesmo sobre aquilo que nos preocupa. A conversa é uma importante maneira de obter informações e detectar reações emocionais, que nos ajudam a formar nossas opiniões.

A cultura em que vivemos já sofreu pelo menos uma mudança drástica nos assuntos sobre os quais conversamos nas últimas décadas: refiro-me às conversas sobre investimentos. Mudaram totalmente as normas sociais sobre o assunto; não faz muito tempo que se evitava falar sobre o tema. Perguntar a alguém sobre seus fundos de investimento ou falar sobre seus próprios investimentos em ações não era conversa de salão.

Hoje em dia, fala-se sobre investimentos em qualquer lugar. O canal financeiro CNBC foi ao ar apenas em abril de 1989, no entanto, já está amplamente difundido. Outros canais de notícias exclusivamente financeiras, como o CNN-FN e o Bloomberg TV vieram depois. Hoje em dia, há até programas regionais e nacionais de rádio dedicados a investimentos. Essa mudança nas normas sociais teve um impacto tremendo em nosso comportamento em relação aos investimentos, pois, quanto mais algumas pessoas falam sobre o assunto, mais as outras ficam interessadas em investir também.

Tal mudança em nossa sociedade teve um significativo impacto no volume de investimentos pessoais. Basta dizer que, em 1989, somente 31,6% das famílias americanas possuíam ações – basicamente, investimentos no mercado acionário, fundos de investimento ou planos de previdência, como o 401(k). Em 1995, essa taxa de participação já estava em 40,4%. Em 1998, 48,9% das famílias investiam em ações de alguma maneira[1]. Em um período de menos de dez anos, portanto, houve um aumento de 50% na participação em ações entre as famílias americanas. Quanto mais se fala em investimentos, mais se acaba investindo.

E, POR FALAR NISSO...

A conversa permite uma rápida troca de informações, opiniões e emoções – tudo extremamente importante para o mercado de ações e os investimentos. Os operadores do mercado conversam com clientes e com outros operadores; os analistas se comunicam com executivos e gestores e formam grupos e associações que interagem entre si. Os investidores institucionais se agrupam para compartilhar informações, ao passo que as pessoas que investem, de modo geral, trocam idéias sobre investimentos com seus familiares, vizinhos, colegas de trabalho e amigos.

Por exemplo, uma pesquisa entre 156 investidores de alta renda constatou que mais da metade das vezes em que um investidor se interessa por determinada ação é porque alguém lhe mencionou algo a respeito[2]. Além disso, a pesquisa constatou também que, depois de ter comprado a tal ação, o investidor já tinha falado com umas outras 20 pessoas sobre a empresa.

Como as informações são trocadas e as decisões tomadas através das conversas, é mais provável que os indivíduos mais sociáveis tenham mais oportunidade de aprender sobre investimentos do que os menos sociáveis. Conseqüentemente, é mais provável que os altamente sociáveis invistam no mercado de ações ou participem em seus planos de previdência 401(k). Um grupo de pesquisadores estudou a correlação entre famílias socialmente ativas e a participação no mercado acionário[3]. Uma família sociável é aquela cujos membros interagem com vizinhos ou freqüentam a igreja. Os pesquisadores usaram dados de um levantamento com 7,5 mil domicílios do Health and Retirement Study of Households, estudo que pesquisou hábitos de saúde e aposentadoria. Constataram que é mais provável que as famílias que têm vida social invistam mais no mercado de ações do que famílias que não têm. Além disso, as famílias sociáveis que moram em áreas em que o mercado de ações é muito ativo têm probabilidade ainda maior de investir nesse mercado. Portanto, a influência da interação social é aumentada quando a pessoa está no ambiente propício, ou seja, num ambiente em que há muitos investidores.

AMBIENTE SOCIAL

"Diga-me com quem andas e te direi quem és", diz o ditado. Mas será que o grupo social afeta o seu patrimônio? Ao que tudo indica, a resposta é sim. As pessoas de um mesmo grupo tendem a desenvolver os mesmos gostos e interesses e a ter um estilo de vida semelhante. Os grupos de amigos desenvolvem normas sociais compatíveis com suas convicções e preferências. Os investimentos não fogem a essa regra: se o grupo não valoriza o assunto, a conversa dificilmente girará sobre ações, renda fixa, poupança e outros. Já um outro grupo talvez discuta freqüentemente o tema. Sem dúvida, o ambiente social influencia a decisão de investir ou não.

Um exemplo corriqueiro é a contribuição para um plano previdenciário 401(k) ou outro qualquer. Devido aos benefícios fiscais, é sensato contribuir para um plano de aposentadoria; se o empregador também o fizer, com determinada proporção, é melhor ainda. Mesmo assim, muitos, talvez a maioria, não participam. O nível de salário e de instrução são fatores determinantes na contribuição aos planos de previdência, porém também contam os hábitos sociais do funcionário.

Para ilustrar quão impactante é a influência do grupo, considere a taxa de participação na aposentadoria de 436 bibliotecários que trabalham em uma universidade[4]. Eles trabalham em 11 prédios diferentes espalhados pelo *campus*. Bibliotecários são pessoas com alto nível de instrução; além disso, são especificamente treinados para encontrar informações. Seria de esperar que tomassem a decisão sensata de contribuir para seu plano de aposentadoria. A Figura 8.1 indica os índices de participação dos bibliotecários, divididos pelos 11 prédios. Observe a grande diferença nos índices: em um prédio, 73% participam, mas, em um outro, somente 14%.

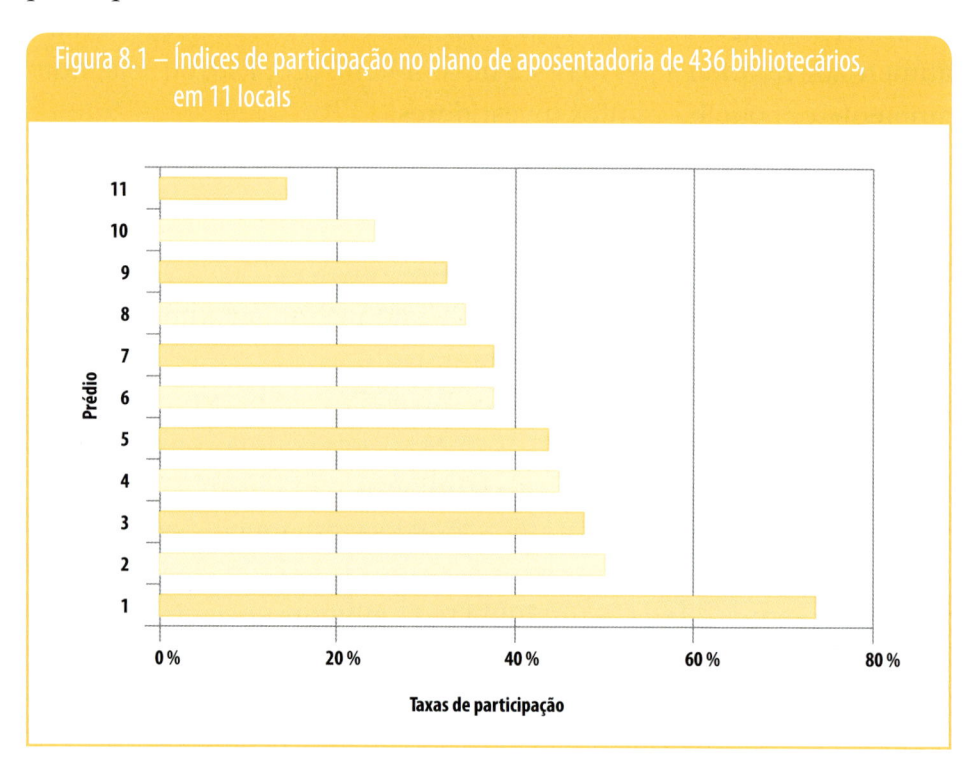

Figura 8.1 – Índices de participação no plano de aposentadoria de 436 bibliotecários, em 11 locais

Tais diferenças podem, em geral, ser explicadas pelos diferentes níveis de instrução ou de salário, ou ambos. É mais provável que as pessoas com nível de educação e salário mais alto tenham maior participação nos planos de previdência; no entanto, o estudo se concentrou em bibliotecários, pressupondo que todos tenham um nível semelhante de instrução e salário.

Como os bibliotecários são um grupo bastante homogêneo, a grande variação surpreende. Isso pode ser explicado pelas diferentes regras sociais criadas pelo grupo de pessoas de cada prédio, regras essas que se desenvolvem com o tempo. Em alguns prédios, elas ditam a atribuição de valor aos planos de aposentadoria, mas, em outros, não.

CLUBES DE INVESTIMENTOS

O rápido crescimento dos clubes de investimentos é um exemplo de socialização. Um grupo (família, amigos ou colegas) se reúne para formar um *pool* de recursos que são investidos no mercado de ações. Em geral, esses grupos são formados apenas por homens ou apenas por mulheres. Reúnem-se, via de regra, uma vez por mês e discutem potenciais investimentos; todo mês, cada membro contribui com uma quantia nominal (de US$ 20 a US$ 100), que é reunida e investida.

A criação de clubes de investimentos é fomentada, nos Estados Unidos, pela Associação Nacional de Sociedades de Investimento (NAIC). Embora nem todos os clubes sejam associados à NAIC, a organização divulgou ter 35,8 mil clubes e 537 mil associados no final de 2000, o que representa um aumento substancial, comparando-se aos 7,08 mil registrados em 1990.

Desempenho dos clubes de investimentos

Como será o desempenho da maioria dos clubes de investimentos? A imprensa especializada tem alegado com freqüência que entre

60% a dois terços dos clubes de investimentos superam o mercado. Se for verdade, esse número é impressionante, pois a maioria dos fundos de investimento dificilmente consegue superar o mercado.

Porém, é improvável que esses números demonstrem, com precisão, o desempenho da maioria dos clubes de investimentos. Os dados provêm de pesquisas anuais dos associados da NAIC, portanto há que se considerar os problemas de tal tipo de pesquisa. Primeiro, é preciso que os clubes calculem corretamente seu retorno anualizado; segundo, quais os clubes que respondem à pesquisa? Se você fosse o tesoureiro de um deles, em que situação responderia a uma pesquisa da NAIC? É bem mais provável que respondesse se os retornos de seu clube fossem altos e que não respondesse se fossem baixos. O viés psicológico que nos leva a buscar a satisfação e evitar o arrependimento sugere esse comportamento (ver Capítulo 3). Com efeito, apenas de 5% a 10% dos clubes se dão ao trabalho de responder à pesquisa. Muito provavelmente são os clubes que tiveram altos retornos, portanto os resultados da pesquisa representariam, na melhor das hipóteses, os clubes de maior sucesso, não sendo representativos dos clubes de investimentos como um todo.

Para ter uma visão mais objetiva do desempenho dos clubes de investimentos, analisaram-se os recursos investidos por 166 deles em uma corretora de desconto, durante um período de cinco anos[5]. Como se vê na Figura 8.2, os resultados não foram bons. Durante o período, as 500 empresas que compõem o Índice Standard & Poor's 500 obtiveram, em média, 18% de retorno a.a. Os clubes tiveram, em média, um retorno bruto de 17%, a.a. O retorno após as despesas foi de apenas 14,1%, portanto seu desempenho foi muito abaixo do mercado.

Embora o noticiário da mídia indicasse que mais de 60% dos clubes superaram o mercado, na verdade, 60% deles tiveram um desempenho abaixo do mercado. De fato, o comportamento desses clubes mostra algumas das mesmas características dos vieses psicológicos apresentados por investidores individuais. De modo mais específico,

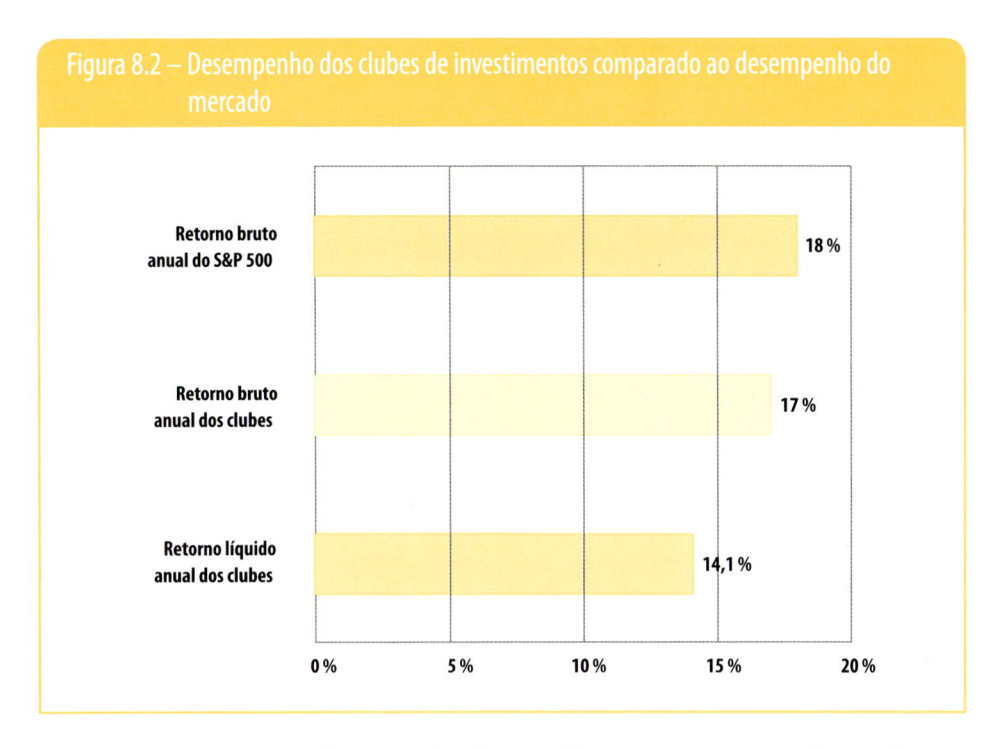

Figura 8.2 – Desempenho dos clubes de investimentos comparado ao desempenho do mercado

- Retorno bruto anual do S&P 500: 18%
- Retorno bruto anual dos clubes: 17%
- Retorno líquido anual dos clubes: 14,1%

seu comportamento de negociação condiz com o excesso de confiança (Capítulo 2) e com o efeito da disposição (Capítulo 3).

Clubes de investimentos e dinâmica social

Muito embora a finalidade dos clubes seja fomentar o aprendizado sobre investimentos e sobre como obter bons retornos, a maioria desses grupos também tem um propósito social, ou seja, as reuniões são um pretexto para os membros da família ou amigos se reunirem. Os participantes gostam de trocar idéias e conhecimentos sobre o mercado em encontros sociais.

A dinâmica social do clube tem um papel importante no sucesso de seus investimentos. Ainda que alguns usem as aplicações financeiras como pretexto para um "social", outros levam a sério a escolha dos investimentos. Por exemplo, o Clube de Investimentos Klondike, de Buffalo, Wyoming, foi classificado como o "número 1" dos Estados

Unidos, em um determinado ano, pela *Value Line*[6]. Os 18 membros do clube provêm de todas as classes sociais. Alguns são jovens, outros, idosos; há homens de negócios e trabalhadores braçais; pessoas com alto grau de instrução e comerciantes.

Qual o segredo desse sucesso? Os membros do Klondike são altamente formais no seu processo de investimento. Por exemplo, uma das exigências é que todas as decisões sejam calcadas em um relatório minucioso feito pelo membro do grupo que sugeriu o investimento em questão. Eles confiam em pesquisas, não simplesmente em "histórias" sobre a empresa. Essa abordagem é importante, pois ajuda o clube a evitar alguns vieses psicológicos. As decisões são baseadas em razão e lógica, não em emoção.

Outros clubes de investimentos têm como principal objetivo a interação social, como, por exemplo, o Clube de Investidores da Califórnia, fundado por um grupo de amigos aposentados que trabalharam juntos durante muitos anos. Apesar de os eventos sociais, como a festa de Natal e os torneios de golfe, serem planejados em minúcias, o mesmo não ocorre com as decisões de investimentos[7]. A discussão, em geral, gira em torno de especulações e dicas supostamente "quentes". Assim sendo, o clube não raro compra na alta e vende na baixa e, conseqüentemente, tem um mau retorno. A informalidade desse clube permite que os vieses psicológicos dos membros se combinem e acabem amplificados.

A MÍDIA

Grande parte de nosso ambiente social é representado pela mídia, com seus vários veículos, formatos e espetáculos que disputam a nossa atenção. Se as notícias não forem bem escritas ou narradas, o público escolherá um jornal diferente ou trocará de canal. Os redatores de negócios e investimentos prendem nossa atenção quando a história é boa; os repórteres também procuram um gancho na melhor manchete.

E, para captar a atenção, a manchete tem que ser curta e atraente, mas não pode transmitir nenhuma análise séria de investimentos; sua finalidade é relatar uma história. Na maioria das vezes, a mídia exacerba nosso viés de repetir histórias ouvidas, afastando-nos de uma análise mais profunda dos investimentos.

Apesar de a mídia nos fornecer informações e opiniões de especialistas, estes costumam se expressar por meio de explicações sucintas demais e comentários sarcásticos. Em geral, eles têm acesso a departamentos inteiros de pesquisa e poderosas ferramentas de análise. Partimos do pressuposto que suas opiniões sejam baseadas em análises sólidas, no entanto, raramente, falam sobre a análise em si. Por isso, ficamos com a impressão de que fazer análise de investimentos seja meramente contar histórias.

Ao tentar apelar para nossos interesses e emoções, a mídia naturalmente gravita em direção às decisões de investimentos ativas relacionadas à seleção de ativos e ao *market timing*.

RAPIDEZ NÃO É TUDO

Quem assiste aos canais especializados em finanças e negócios da TV a cabo é bombardeado por comerciais que sugerem que, em investimentos, os vagarosos morrem primeiro. É necessário ter os serviços do mais rápido provedor de Internet para poder assinar o mais rápido provedor de notícias e fazer suas transações pela mais rápida corretora *on-line*. Durante um certo período, a CNBC fez valer essa idéia, medindo o tempo de atendimento nas principais corretoras *on-line*.

Tomar decisões em uma fração de segundos, após ouvir as notícias, não é investir, é operar. Negociar ou operar é como apostar, pois desencadeia uma forte reação emocional, e essa necessidade de rapidez é o que faz aumentarem os vieses psicológicos.

Vejamos os erros simples que ocorrem quando as pessoas tomam decisões rápidas demais. Em 11 de abril de 1997, o jornal *The Financial*

Times publicou matéria que dizia que o Czech Value Fund investira em empresas fraudulentas e, por isso, enfrentava grandes prejuízos[8]. Quando a notícia chegou aos Estados Unidos, um volume enorme das ações com o símbolo CVF registraram uma queda de 32%. O problema foi que CVF é o símbolo do Castle Convertible Fund, e não do Czech Value Fund. No fim do dia, o Castle Fund conseguira se recuperar, mas isso de nada serviu aos investidores que tinham vendido na baixa. Muitas vezes, os erros de outros investidores nos causam problemas.

Em 24 de junho de 1998, foi divulgado que a AT & T concordara em comprar a Tele-Communications Inc. por US$ 45,8 bilhões. Isso bastou para que a ação com o símbolo TCI desse um salto de quase 5% em seu volume, o qual elevou-se a mais de 37 vezes em relação ao normal[9]. No entanto, TCI é o símbolo da Transcontinental Realty Investors Inc.; não da Tele-Communications. O interessante é que a TCI passara por uma situação idêntica cinco anos antes, quando a Bell Atlantic Corp. anunciou a intenção de comprar a empresa Tele-Communications.

Caso semelhante de identidade trocada ocorreu, repetidamente, ao longo de um ano, com quem tentava comprar ações da MCI Communications, devido à boataria que circulou sobre as supostas aquisições da empresa. Na Bolsa de Valores de Nova York, as ações com o símbolo MCI – que, na verdade, pertenciam a um fundo de investimento fechado, o Massmutual Corporate Investors – foram confundidas com as da MCI Communications, cujo símbolo é MCIC.

Os veículos de comunicação correm para ser os primeiros a divulgar essas notícias. Os investidores, por sua vez, correm para negociar com base no noticiário, com a mentalidade típica de manada. Nesse caso, a interação social influencia as pessoas aumentando seus vieses naturais.

EFEITO MANADA

Quando se torna público o que os outros pensam sobre determinadas ações, começa a se formar um consenso social e, à medida que as pessoas agem baseadas nesse consenso, vai-se desenvolvendo o "efeito manada". Nesse caso, o comportamento dos investidores não difere do comportamento dos antílopes. Esses animais se agrupam para se proteger dos predadores. Sua manada está parada e, de um minuto para o outro, dispara num galope. Um antílope está sempre com todos os sentidos ligados para perceber os movimentos dos companheiros. Dessa forma, não será deixado para trás.

Os investidores também mantêm olhos e ouvidos atentos para saber o que fazem seus pares. Muitos assistem, diariamente, à CNBC, ou seguem de perto os anúncios das salas de bate-papo, em seu *site* favorito na Internet. Quem investe ativamente verifica diariamente sua carteira; quando as coisas começam a acontecer, toda a comunidade de investidores fica sabendo.

O problema de andar com a manada é que isso aumenta os vieses psicológicos, fazendo com que a pessoa tome uma decisão baseada no que "sente" o grupo, em vez de seguir o rigor da análise formal. Além disso, o sentimento de arrependimento por escolher uma ação em posição perdedora (Capítulo 3) é menor quando se sabe que muitos outros estão no mesmo barco – "dores compartilhadas, dores aliviadas".

O efeito manada nos investimentos em ações

Quando muitos investidores são influenciados por seus vieses psicológicos de uma mesma maneira, forma-se uma manada; isso pode afetar o mercado como um todo. Um ótimo exemplo desse comportamento foi a irracional proliferação das empresas "ponto com" no final da década de 1990, cujas avaliações extremamente altas confundiram investidores e analistas. Por exemplo, no final de 1999, quando a média histórica do índice preço/lucro (P/L) do mercado estava em torno de

15, não havia justificativa para o índice da Yahoo! estar em 1.300 e o da eBay em 3.300. Muitos analistas concluíram que eram necessárias novas medidas de avaliação para essa nova revolução na economia.

Na avaliação da eToys[10], varejista de brinquedos *on-line* que abriu seu capital em 1999, logo após a oferta pública inicial, o alto preço da ação criou um valor total para a empresa de US$ 8 bilhões. Numa realidade típica das empresas da Internet, a eToys contabilizava um resultado negativo de US$ 28,6 milhões, com um faturamento de US$ 30 milhões. A comparação natural para a eToys seria a Toys "R" Us, líder em brinquedos da "velha economia". Mesmo com lucros de U$ 376 milhões, esta última tinha um valor de mercado de apenas US$ 6 bilhões. Em outras palavras, o valor de mercado da Toys "R" Us era mais baixo do que o da eToys, mesmo registrando lucros 12 vezes maiores.

Isso surpreende ainda mais quando se constata quão frágeis eram as barreiras para quem quisesse iniciar negócios na Internet. Até mesmo a garotada começou a criar empresas virtuais com apenas uns trocados. De fato, a Toys "R" Us rapidamente montou seu próprio varejo *on-line*, que fez com que a capitalização de mercado da eToys caísse de U$ 8 bilhões para US$ 29 milhões!

Qualquer-coisa-pontocom

Podemos perceber a extensão do efeito manada nas empresas da Internet pela quantidade de empresas que mudou seu nome para *umnomebonitinho.com*. Os investidores endoidaram com a febre do "ponto com" e saíram abocanhando tudo que é ação de empresas da Internet. A maneira mais fácil de saber se a empresa era virtual era através de seu nome.

No caso da Computer Literacy Inc., varejista *on-line* de livros técnicos, o nome foi mudado para fatbrain.com porque os clientes viviam errando ou esquecendo o endereço eletrônico inicial, computerliteracy.com. A empresa já prestava serviços pela Internet, e a mudança foi apenas no nome, não havendo necessidade de alterar a estratégia comercial. Mas, quando vazou a informação sobre essa mudança, os grupos de discussão *on-line* sobre investimentos entraram em ebulição – e a ação disparou, subindo 33% em um único dia!

De meados de 1998 a meados de 1999, 147 empresas de capital aberto trocaram o nome para *qualquer-coisa-pontocom* ou *qualquer-coisa-pontonet*, ou algo que incluísse a palavra *Internet*[11]. Durante as três semanas após o anúncio da mudança de nome, as ações dessas empresas superaram o mercado em 38%, em média. Havia empresas de todos os tipos, algumas já puramente virtuais, que conseguiram superar o mercado em 57% nas três semanas após a mudança de nome. Outras, com muito pouca experiência na Internet, ainda assim tiveram um resultado de 35% acima do mercado. Já as que mudaram o nome e também o foco – não-Internet para Internet – conseguiram 16% a mais. Isso mostrou que, até mesmo para quem não tinha nenhuma experiência na "nova economia", bastou mudar o nome para pegar carona na grande valorização no preço das ações. Sua atividade principal não era a Internet, e nada indica que tivessem tanto talento para o sucesso. Mesmo assim, os *traders* "fissurados" em Internet puxaram tanto o preço de suas ações que elas bateram o mercado em 48%. Essas discrepâncias no preço das ações não arrefeceram nos três meses seguintes; parecia que os investidores estavam loucos para encher de dinheiro as empresas da Internet.

O FOCO NO CURTO PRAZO

Quem negocia ativamente pensa mais como *trader* do que como investidor. Em vez de comprar uma ação porque se imagina que os produtos, a participação de mercado e a direção da empresa terão, no futuro, grande destaque, compra-se tal ação por acreditar que seu preço subirá na semana, dia ou hora seguinte. Produtos, participação de mercado e qualidade da diretoria passam a ser coadjuvantes, ou mesmo irrelevantes. Veja o exemplo de Sharon, dona de casa americana entrevistada pelo programa Frontline[12], da rede de TV aberta PBS. Ela investira toda a poupança de sua família em ações de duas minúsculas empresas de tecnologia, colocando a maior parte em uma delas. "Para falar a verdade, nem sei o nome dessa empresa; só sei que o prefixo é AMLN e deve dobrar de valor até agosto." A título de curiosidade, a AMLN é o símbolo da Amylin Pharmaceuticals.

Levado pela fé

"Desta vez, a situação é diferente. As antigas medidas de avaliação já não funcionam." Esse é o tipo de comentário que se ouve em períodos de intenso efeito manada, quando os altos preços não podem ser justificados pelas medidas tradicionais. Quando a balança diz que você aumentou 15 quilos, a culpa é claramente da balança, que parou de funcionar. Quem "vai na onda" da manada baseia seus investimentos na fé e não em uma análise abalizada.

Aprovação social

As pessoas querem falar sobre investimentos; é chique conversar sobre o assunto nas reuniões sociais, e os grupos de discussão *on-line* pegam fogo. A proliferação dos programas de rádio com entrevistas sobre investimentos e as perguntas dos telespectadores do programa de televisão da CNBC comprovam como os investimentos invadiram todos os aspectos da nossa vida.

O efeito manada e a avaliação excessiva de preços não são conseqüências de uma nova ciência econômica ou de novas tecnologias, mas da psicologia humana. Uma nova economia e as novas tecnologias nada mais são que o grito de aviso para a manada, isto é, o grupo social. Quando o excesso de confiança (tratado no Capítulo 2) alia-se às emoções, estamos diante de um problema, e este só tende a aumentar quando tomamos decisões calcadas na psicologia.

Perguntas

1. Como o nível de interação social influenciaas pessoas quanto às chances de investir no mercao de ações e ao tipo de ações escolhidas?

2. Dê exemplos de situações nos clubes de investimentos que fazem aumentar os vieses psicológicos. Exemplifique, também, situações ou ferramentas que ajudem a controlar tais vieses.

3. Como a mídia influenciou os investidores, no final da década de 1990, a debandarem em grupo para as empresas marginais?

Notas finais

1. Os números originam-se da pesquisa Survey of Consumer Finances, citada por C. Bertaut e M. Sarr-McCluer, em "Household portfolios in the U.S.", trabalho do Board of Governors of the Federal Reserve, 2000.

2. Robert Shiller e John Pound, "Survey Evidence on Diffusion of Interest and Information Among Investors", *Journal of Economic Behavior and Organization* 12 (1989): 47-66.

3. Harrison Hong, Jeffrey D. Kubik e Jeremy C. Stein, "Social Interaction and Stock-Market Participation", *Journal of Finance* (fev. 2004).

4. Esther Duflo e Emmanuel Saez, "Participation and Investment Decisions in a Retirement Plan: the Influence of Colleagues Choices", *Journal of Public Economics* 85(2002): 121-148.

5. Brad M. Barber e Terrance Odean, "Too Many Cooks Spoil the Profits: Investment Club Performance", *Financial Analysts Journal* (jan./fev. 2000).

6. Tony Cook, "Six Moneymaking Lessons You Can Learn from America's Top Investing Club", *Money Magazine* 25 (dez. 1996): 88-93.

7. Brooke Harrington, Capital and Community: *Investment Clubs and Stock Market Populism*, Cambridge University Press (no prelo).

8. "Czech Markets Watchdog Chief Forced to Quit", *Financial Times*, 11 abr. 1997, p. 3.

9. Michael S. Rashes, "Massively Confused Investors Making Conspicuously Ignorant Choices (MCI-MCIC)", *Journal of Finance* 56 (2001): 1911-1927.

10. Andrew Edgecliffe, "eToys Surges After Listing", *Financial Times*, 21 maio 1999, p. 29.

11. Michael Cooper, Orlin Dimitrov e Raghavendra Rau, "A Rose.com by Any Other Name", *Journal of Finance* 56 (2001): 2371-2388.

12. "Frontline", *Stock Market*, 4 jan. 1997.

9

Emoção e decisões de investimento

Para a teoria tradicional das finanças, as pessoas tomam decisões racionais para maximizar sua riqueza frente ao risco e à incerteza. Por se tratar de dinheiro, parece que a razão e a lógica deveriam superar a emoção e os vieses psicológicos. Será que essa suposição está correta? Na realidade, a situação pode ser exatamente a oposta: a emoção pode superar a razão quando se trata de tomar uma decisão arriscada.

SENTIMENTOS E DECISÕES

Os psicólogos e economistas que analisaram o papel da emoção na tomada de decisões constataram que sentimentos e emoções totalmente desvinculados do assunto podem afetar as decisões[1]. O termo *desvinculado*, nesse caso, significa que as emoções não têm relação com as decisões a serem tomadas. Por exemplo, pode-se estar de bom humor porque o sol está brilhando ou porque seu time acabou de ganhar, e esse sentimento bom pode, em seguida, influenciar uma decisão de investimentos. As emoções interagem com o processo cognitivo de avaliação e acabam levando a uma decisão. Às vezes, as reações emocionais divergem da razão e da lógica para dominar o processo de tomada de decisão. De fato, quanto mais complexa e incerta a situação, mais as emoções influenciam a decisão[2].

Assim sendo, a pergunta central é: qual a importância relativa da emoção e da razão na tomada de decisão? Ao que tudo indica, as emoções desempenham um grande papel. Por exemplo, o neurologista Antonio Damasio relatou o caso de pacientes que sofreram danos no córtex frontal do cérebro. Tais danos deixam intactas a inteligência, a memória e a capacidade lógica, mas prejudicam a capacidade de ter emoções. Vários experimentos levaram à suposição de que a falta de emoção no processo de tomada de decisão destrói a capacidade de tomar decisões racionais[3]. Essas pessoas, com efeito, tornam-se socialmente incapazes; isso levou Damasio a concluir que a emoção é um componente essencial para a tomada de decisões razoáveis.

Vejamos como os psicólogos estudam o efeito do humor nas decisões. Eles pedem aos participantes do estudo para fazer uma redação sobre um evento em suas vidas, alegre ou triste. A simples transposição para o papel do sentimento ocasionado por tal evento faz os pesquisados ficarem de bom ou mau humor, segundo o caso. Esse humor parece afetar suas previsões sobre o futuro, pois quem está de mau humor é mais pessimista quanto ao futuro do que quem não está. Ou seja, os pesquisados que estão de bom humor antecipam uma maior probabilidade de acontecerem coisas boas e menor probabilidade de advirem eventos ruins.

Em um dos estudos, as pessoas que estavam de bom humor acreditavam ter 84% de chance de, no espaço de um ano, encontrar uma pessoa que se tornaria um grande amigo[4]. Para as que estavam de mau humor, a chance de isso acontecer era de apenas 51%. Em contrapartida, quando se perguntava a probabilidade de se envolverem em um grande acidente automobilístico dentro dos próximos cinco anos, quem estava de mau humor dizia que a chance era de 52%, ao passo que, para quem estava de bom humor, tal probabilidade era de apenas 23%. Quem está de bom humor vê o futuro de maneira diferente do que quem não está.

Além da importância da emoção, em geral as pessoas são insensíveis às mudanças nos fatos que levam à percepção – fatos tais como a probabilidade dos resultados. Por exemplo, costuma-se tratar a tomada de decisão de modo semelhante à chance de ganhar a loteria, seja a probabilidade de 1 em 10 milhões ou de 1 em 10 mil, muito embora haja uma chance mil vezes maior em uma das duas hipóteses. De modo específico, a decisão de apostar é relativamente insensível a grandes mudanças nas probabilidades quando a aposta desencadeia fortes emoções. Em resumo, as emoções determinam o processo de tomada de decisões complexas.

SENTIMENTOS E FINANÇAS

As decisões financeiras são complexas e incluem risco e incerteza; assim, podem ser influenciadas por sentimentos ou pelo humor. Isso é chamado de *viés da atribuição indevida*, ou seja, em geral as pessoas se deixam influenciar indevidamente por seu humor ao tomar uma decisão financeira. Se alguém está de bom humor, é mais provável que seja otimista ao avaliar um investimento. O bom ou mau humor aumentará ou diminuirá a probabilidade de investir em bens de maior risco, como as ações. A influência da atribuição indevida foi avaliada de diversas maneiras nas decisões financeiras.

Sentimentos afetam decisões de investimento

Considerando-se que a decisão de se comprar ou vender uma ação é baseada em expectativas, a visão tradicional das finanças é incorporada pelo modelo de expectativas racionais, que apregoa que as expectativas do investidor são derivadas do uso de ferramentas, como a análise fundamentalista e a moderna teoria de portfólio. Tais ferramentas requerem que se façam certas suposições sobre o futuro: que taxa de crescimento a empresa terá durante os próximos três anos? Qual o retorno, variância e correlação esperados com os outros ativos?

Nem mesmo os investidores mais experientes concordam sobre quais métodos produzem, as suposições mais precisas. O modelo de expectativas racionais requer que os investidores resolvam tais incertezas de maneira racional, não enviesada. Contudo, as evidências indicam que as pessoas fazem escolhas enviesadas e irracionais, levadas pela emoção e erros cognitivos.

Na verdade, mesmo os investidores que usam métodos quantitativos, como a análise fundamentalista, têm que incluir palpites fundamentados sobre algumas suposições. Certas técnicas da análise fundamentalista são mais complexas que outras, mas todas envolvem suposições sobre o futuro. Para ilustrar, vejamos o modelo de taxa de desconto constante ensinado a alunos de finanças do mundo todo: $PV = D_1 / (k - g)$. Os investidores têm que estimar a taxa constante de crescimento g. Como o humor influencia as decisões arriscadas e incertas, o valor esperado da taxa de crescimento pode sofrer um viés, e este, por sua vez influencia o valor computado no modelo.

Nesse exemplo, pressuponha que o retorno anual, k, é de 11% e que haverá uma taxa de crescimento de dividendos, a longo prazo, de 5%. Um investidor de bom humor poderia, de forma otimista, superestimar a taxa de crescimento em 7%, o que o faria atribuir 50% a mais de valor à ação do que quem não estivesse sob a influência de algum viés. O investidor otimista poderia, portanto, comprar a ação pensando estar subavaliada – quando, na realidade, não está.

Brilho do sol

Há décadas, os psicólogos vêm demonstrando como o sol afeta as nossas decisões, chegando mesmo a relacionar a sua falta à depressão e ao suicídio. Sem sol, sentimo-nos mal; quando ele brilha, sentimo-nos bem. Esse bom humor nos faz otimistas acerca de nossas futuras perspectivas, afetando nosso processo de decisão.

O brilho do sol pode afetar até as nossas decisões financeiras. Por exemplo, costuma-se dar gorjetas maiores para o garçom quando o tempo está ensolarado. Nem é preciso estar ao ar livre para sentir-se bem por causa do sol. Um psicólogo fez uma pesquisa em um hotel onde muitos quartos não tinham janelas[5]. Quando o hóspede de um deles solicitava serviço de quarto, o atendente mencionava o tempo. Sua gorjeta era, em média, 18,8% em dias chuvosos. Em dias nublados, aumentava para 24,4%; em dias parcialmente ensolarados, para 26,4%, chegando a 29,4% em dias de sol forte. Pelo jeito, as pessoas dão gorjetas até 50% maiores nos dias de sol do que nos chuvosos!

Será que o bom humor de um dia de sol afeta os investidores e o mercado? Se o brilho do sol os deixa de bem com a vida, verão com maior otimismo as perspectivas futuras. Assim sendo, é provável que num dia desses estejam mais propensos à compra e não à venda. Se essa tendência atingir um grande número de investidores, o próprio mercado poderia ser afetado. Tal possibilidade foi analisada por dois economistas que compararam os retornos do mercado de ações com as condições climáticas nas cidades onde há intensa movimentação financeira[6]. Foram comparados o retorno diário em 26 bolsas de valores ao redor do mundo com a temperatura nessas mesmas cidades.

Os pesquisadores usaram uma escala de tempo com nove níveis, de sol a pino a tempo péssimo. Constataram que, de fato, os retornos nos dias mais ensolarados eram muito maiores. Ao anualizarem a diferença entre o dia mais bonito e o dia mais feio nas 26 cidades, viram que os dias ensolarados haviam superado os de tempo ruim em 24,6% a.a.

A Figura 9.1 retrata a diferença anualizada nos retornos em dias de sol ou não, em várias cidades, bem como a média em todas as 26. Note que, na Bolsa de Valores de Nova York, os dias ensolarados superam os mais nublados em uma margem considerável de 15% ao ano.

Em Londres, esse retorno anualizado é de 22,1%; em Copenhage, de 4,1%; e em Paris, 19,7%. Apesar de a temperatura nem sempre estar nos extremos, e sim no meio-termo, esse resultado serve para ilustrar que o sol, indubitavelmente, afeta os investidores e o mercado.

Outra maneira de medir o efeito do sol no humor e no comportamento do investidor é avaliar os retornos do mercado segundo as estações do ano. Os psicólogos constataram que a menor quantidade de luz durante o dia no outono e inverno leva muitas pessoas à depressão – conhecida como *desordem afetiva sazonal* (SAD). Acredita-se que 10 milhões de americanos sofram dessa síndrome e outros 15 milhões, de moderada "melancolia de inverno". Convém lembrar que quem está de mau humor ou depressivo é, em geral, mais crítico e pessimista, ao passo que é mais otimista quem está de bom humor. Estes, portanto, são propensos a assumir maiores riscos do que os que estão de mau humor.

Se o menor número de horas de luz por dia tem impacto sobre os investidores, eles certamente assumirão menor grau de risco. Essa

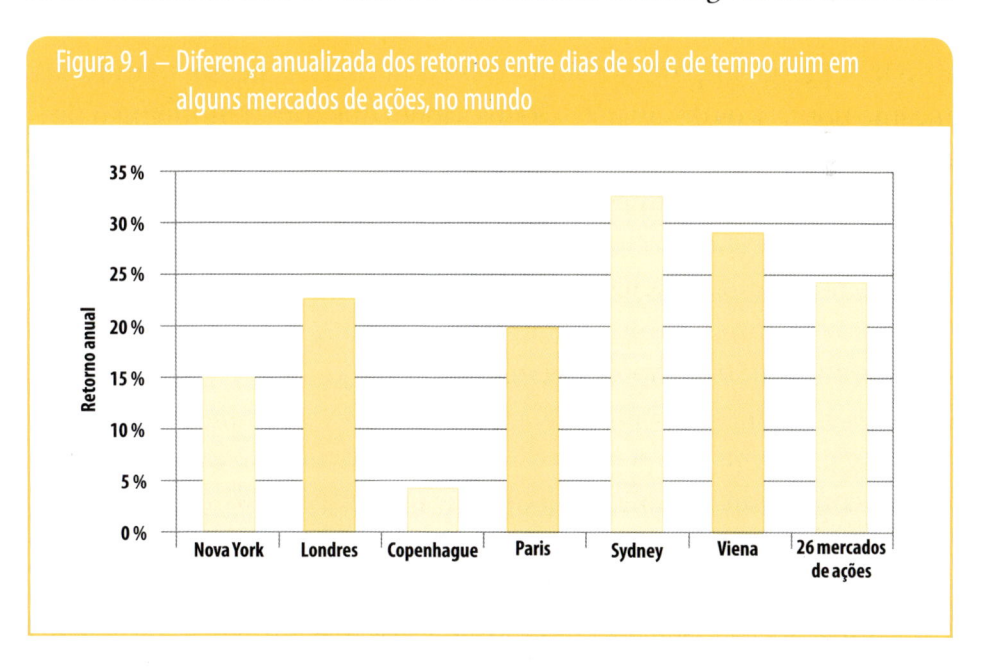

Figura 9.1 – Diferença anualizada dos retornos entre dias de sol e de tempo ruim em alguns mercados de ações, no mundo

possibilidade foi estudada por três economistas em sete mercados de ações: Austrália, Grã-Bretanha, Canadá, Alemanha, Nova Zelândia, Suécia e Estados Unidos[7]. Foi constatado que o retorno das ações é mais baixo durante o outono, quando os dias são mais curtos, estendendo-se até 21 de dezembro, que é a noite mais longa do ano, no Hemisfério Norte. Esse efeito é mais sentido nos mercados de ações mais distantes do Equador – Suécia e Grã-Bretanha. O efeito também ocorre durante a primavera nos mercados do Hemisfério Sul (Austrália e Nova Zelândia). Novamente vemos que a luz do dia, ou a falta dela, afeta o nosso humor; e este, por sua vez, afeta nossas decisões sobre investimentos, nosso processo de tomada de decisões e o grau de risco que nos dispomos a aceitar.

Otimismo

Em relação à média das pessoas, os otimistas crêem ter menor possibilidade de contrair doenças, divorciar-se ou ser vítima de um crime. Isso pode levá-los a assumir riscos desnecessários.

Considerando-se a média dos fumantes, todos eles sabem que fumar é perigoso para a saúde, havendo alertas nesse sentido até mesmo nos maços de cigarros. Todos sabem que fumar aumenta o risco de câncer de pulmão mas, de forma muito otimista, consideram-se fora de risco. Convenhamos, seria um "atestado de burrice" alguém fumar mesmo estando ciente de que corre grande risco. Para preservar a auto-imagem de inteligência, os fumantes usam o subterfúgio do otimismo quanto à probabilidade de ter câncer de pulmão e, assim, continuam com o comportamento de risco.

Os investidores bem-humorados podem, também, sofrer com as decisões otimistas, por acreditar na probabilidade de que nada de ruim aconteça às ações que escolheu. O otimismo os afeta de duas maneiras: uma é a tendência a fazer análises menos críticas na hora de tomar decisões sobre suas aplicações; a outra é a de ignorar ou subestimar as informações negativas sobre suas posições. Em outras palavras, os otimistas se agarram à idéia de que uma empresa é ótima, mesmo quando vêm à tona notícias negativas, assim como o fumante subestima o risco de ter um câncer ao ler o alerta na embalagem.

Considere as circunstâncias que cercaram as notícias de um potencial avanço na cura do câncer. A EntreMed, empresa de biotecnologia cujo símbolo, na Bolsa, é ENMD[8], divulgou, em artigo na revista *Nature*[9], uma descoberta sensacional no desenvolvimento de uma terapia para a cura do câncer (tal terapia evitaria que as células criassem resistência ao tratamento). A empresa, portanto, detinha os direitos de comercialização do processo que levaria à potencial cura desse mal. Uma manchete de primeira página no *New York Times*[10], em 3 de maio de 1998, desencadeou uma enxurrada de notícias na mídia sobre o assunto, o que fez quadruplicar o preço da ação logo no dia seguinte.

Nos meses que antecederam o anúncio, a ação da EntreMed era negociada a US$ 12. Após o artigo do *New York Times*, o preço disparou para mais de US$ 50, estacionando, mais tarde, em cerca de US$ 31. Certamente, deter os direitos da cura do câncer é motivo de sobra para otimismo. Uma história dessas poderia ter grande impacto em muitas pessoas, bem como em seus investimentos. Porém as notícias não eram novidade: a matéria já fora veiculada antes, em novembro de 1997, na *Nature* e em outros meios de comunicação. A movimentação inicial da mídia tinha feito o preço da ação passar de US$ 12 para mais de US$ 15. Quando a mídia chamou a atenção, pela segunda vez, sobre o assunto, o preço da ação voltara para US$ 12 (ver gráfico de preços da EntreMed na Figura 9.2).

Será que os direitos sobre uma potencial cura do câncer valem US$ 30 por ação, quando seu preço anterior era US$ 12? Provavelmente, sim. Contudo, a história ficou mais interessante em 12 de novembro de 1998, quando o *Wall Street Journal* informou que outros laboratórios não tinham conseguido reproduzir os resultados da EntreMed[11]. Portanto, a empresa detinha os direitos sobre um processo que,

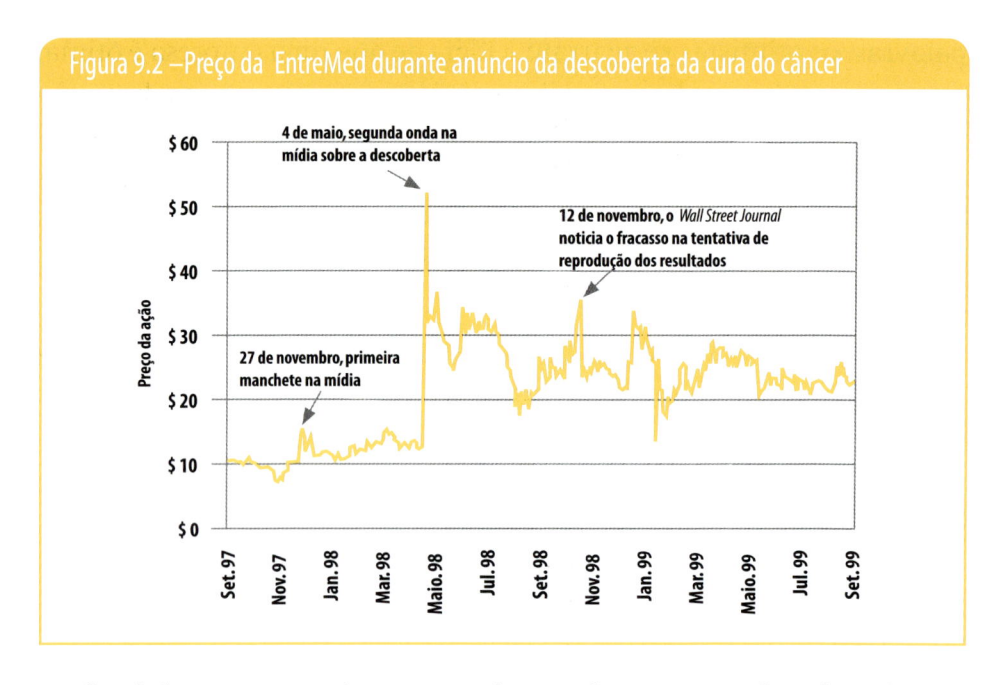

Figura 9.2 – Preço da EntreMed durante anúncio da descoberta da cura do câncer

Pontos marcados no gráfico:
- 27 de novembro, primeira manchete na mídia
- 4 de maio, segunda onda na mídia sobre a descoberta
- 12 de novembro, o *Wall Street Journal* noticia o fracasso na tentativa de reprodução dos resultados

no final das contas, não curava câncer algum. A notícia derrubou o preço de US$ 35 para US$ 22 e, mesmo um ano mais tarde, a ação ainda continuava nesse último patamar...

Se a ação da EntreMed valia US$ 12 antes e US$ 31 após o auspicioso anúncio, será que ainda valeria os US$ 22 após se descobrir que o procedimento, afinal, não levava a nada? Ao que tudo indica, a ação não deveria valer nada além de seu preço anterior ao anúncio, ou seja, US$ 12; porém, uma vez imbuídos de otimismo, os investidores tendem a "dar um desconto" ou mesmo a ignorar notícias negativas. No caso, essas notícias estavam diretamente vinculadas ao futuro da empresa. Ao minimizar a importância da notícia, os investidores deixaram de tomar a melhor decisão. Em geral, o otimismo leva um certo tempo para se dissipar. Nessa história, levou quase três anos para que o preço da ação da EntreMed voltasse aos US$ 12...

O preço de uma ação normalmente é determinado pelos investidores otimistas. Quando há muita gente otimista e outras tantas pessimistas, são os otimistas que impulsionam o preço da ação.

Isso porque os pessimistas ficam "em cima do muro", aguardando, enquanto os otimistas saem comprando. Com a compra, o preço da ação sobe, deixando os pessimistas ainda mais pessimistas. Mas, "em cima do muro", nada acontece, o preço da ação não é afetado. Sempre que houver um grande nível de incerteza sobre as perspectivas de uma determinada ação, haverá muito mais otimistas e pessimistas do que investidores neutros aos vieses. As possibilidades de movimentação nas empresas grandes e sólidas causam menos incertezas, então os preços de suas ações geralmente refletem mais a realidade do que as perspectivas otimistas. Por exemplo, o potencial de negócios da General Motors, Procter & Gamble e Intel são bem conhecidos e deixam pouco espaço para muito otimismo ou muito pessimismo. Mas, quando se trata de empresas que geram alto grau de incerteza, os otimistas costumam determinar o preço das ações até que se resolva a incerteza. Essa "resolução" normalmente envolve uma revisão que arrefece o otimismo e leva o preço da ação ladeira abaixo.

Otimismo desenfreado e exuberância irracional

O otimismo desenfreado ou exuberância irracional pode ser encontrado no mercado de ações. Consideremos o caso Palm e 3Com. Esta última era uma empresa lucrativa que vendia sistemas e serviços de redes de computação. Um dos produtos que desenvolvia em sua subsidiária, Palm, era o computador de mão, conhecido como Palm Pilot. A 3Com decidiu fazer um *spin-off*, ou seja, uma cisão, tornando a Palm uma empresa separada. O plano era emitir 4% das ações dessa empresa em uma oferta pública inicial (IPO), vender 1% para um consórcio de empresas e distribuir os 95% restantes das ações da Palm para os acionistas da 3Com. Em 2 de março de 2000, a 3Com vendeu 5% da Palm na oferta pública inicial. Os restantes 95% das ações seriam distribuídos mais para o fim do ano à razão de 1,5% ação da Palm para cada ação da 3Com. Então, quem tivesse 1 ação da 3Com, após a distribuição, teria 1,5 ação da Palm e 1 da 3Com.

No fim do dia da IPO, as novas emissões da Palm foram negociadas a US$ 95,06. Como cada ação da 3Com receberia 1,5 ação da Palm, cada uma da 3Com deveria valer, no mínimo, US$ 142,59 (isto é, 1,5 x US$ 95,06), considerando-se apenas o valor das ações da Palm, pois as operações da 3Com, excetuando-se a Palm, também tinham valor. Os negócios estavam rendendo US$ 750 milhões de lucro a.a. para a 3Com[12], portanto, o preço da ação da 3Com devia ser muito acima de US$ 142,59. No entanto, a ação da 3Com fechou, naquele dia, por apenas US$ 81,81.

Quem quisesse adquirir ações da Palm poderia ter comprado as da 3Com e conseguido as da Palm por um preço efetivo de US$ 54,54 (US$ 81,81 / 1,5) por ação e conseguido a ação da 3Com de graça. Das duas, uma: ou o preço da ação da 3Com estava subvalorizado ou o da ação da Palm, supervalorizado. Pelo fato de a 3Com ser uma empresa maior e mais sólida, e a Palm, além de nova, estar em um ambiente incerto, é provável que os investidores otimistas tenham afetado a ação da Palm. Todas as informações relevantes sobre as duas empresas foram prontamente disponibilizadas antes da oferta inicial. No dia seguinte à IPO, o *Wall Street Journal* e o *New York Times* publicaram artigos enfatizando a estranha e indevida precificação – muito embora os preços tivessem permanecido no mesmo patamar durante meses. O valor da ação da Palm "embutida" na da 3Com continuou a ser superior ao da ação da 3Com isolada por mais dois meses, até 9 de maio. E, mais uma vez, o mercado viu os investidores otimistas ignorarem ou minimizarem as más notícias sobre empresas cujas ações detinham em sua carteira.

Apesar de ser interessante, o caso da 3Com/Palm não é o único no gênero. Por exemplo, a HNC Software se desfez da Retek em 17 de novembro de 1999; a Daisytek alienou a PFSWeb em 1.º de dezembro de 1999; e a Methode Eletronics vendeu a Stratos Lightwave em 26 de junho de 2000. Em todos os três casos, os investidores otimistas elevaram o preço da ação das novas empresas. Assim como ocorrera com a 3Com e a Palm, o preço da ação da controladora era menor do que o valor embutido do preço da ação da firma vendida. Esses três outros casos tinham algo mais em comum com a 3Com e a Palm: em todos, o preço da ação da nova empresa despencou 50% ou mais nos seis meses seguintes.

Podemos elencar outros exemplos semelhantes. Nem sempre as empresas fazem uma cisão completa e formam uma nova, ficando a sociedade controladora com algumas ações da subsidiária, em vez de distribuí-las aos acionistas. O otimismo quanto à subsidiária pode ser tão efusivo a ponto de empurrar o preço lá para cima e causar uma precificação errada nas ações da controladora e da subsidiária. Por exemplo, em setembro de 1999, as Indústrias Flowers detinham 55% do capital acionário da Keebler Foods. O preço da ação da Keebler era tal que sua capitalização total de mercado – isto é o número de ações em circulação vezes o preço de mercado da ação – era de US$ 2,5 bilhões. Como a Flowers detinha 55% da Keebler, essa participação se traduzia em US$ 1,38 bilhão, muito embora sua capitalização de mercado fosse apenas US$ 1,36 bilhão. Em outras palavras, o preço da ação da Flowers era tal que sua capitalização total de mercado estava abaixo das posições de apenas um de seus ativos, a Keebler. Os demais ativos valiam cerca de US$ 1 bilhão. Claramente, o mercado estava diante de outro grande viés na precificação de ambas, fenômeno que ocorreu em várias empresas e que ilustra a inflação no preço das ações, causada pelo otimismo[13]. Comprar uma ação cujo preço é empurrado para cima por esse viés normalmente leva a prejuízos, à medida que o otimismo vai-se dissipando – e este acaba mesmo por se dissipar.

Essa mania dos investidores ocasionou uma bolha de preços no mercado na década de 1990. No ano 2000, a bolha estourou. O índice de preços Nasdaq, altamente ancorado em empresas de tecnologia, despencou 54% de seu pico, em março, para seu nível mais baixo, em dezembro de 2000. Os índices de ações de empresas virtuais, como o do Setor da Internet TSC, tiveram uma bruta queda de 79% no mesmo período. Em comparação, o Dow Jones subiu 4%.

BOLHAS DE PREÇO NO MERCADO

Quanto mais as coisas mudam, mais as pessoas continuam iguais. As bolhas de mercado não são fenômeno recente, muito menos novidade.

Uma das bolhas mais marcantes na história do mercado ocorreu na Holanda, por volta de 1630[14]. O mais engraçado, no caso, é que a tão disputada mercadoria eram os bulbos de tulipas. Durante um período de cinco anos, a mania das tulipas inflacionou o preço dos bulbos a ponto de seu preço valer dez vezes o de uma parelha de bois. Dá para imaginar um botão de tulipa custar quase US$ 100 mil? A mania durou até que um marinheiro estrangeiro, acidentalmente, estourasse a bolha. Confundindo o bulbo com uma cebola, ele o comeu! O fato fez ver que talvez os bulbos da flor não valessem aquele preço astronômico, e isso bastou para espalhar o pânico. Em uma semana, os botões passaram a valer uma ninharia.

As bolhas dos mercados atuais têm elementos em comum. Diante da seguinte afirmação, como você a completaria?

Estamos em uma nova era. A _____ trouxe consigo um novo tipo de economia. Quem ficar amarrado às práticas antigas gradualmente desaparecerá. As técnicas tradicionais de avaliação do preço das empresas não conseguem captar o real valor dessa revolução.

Emoção e decisões de investimento

Você provavelmente respondeu "a Internet". Porém, se tivesse vivido em 1850, teria dito "as estradas de ferro"; se tivesse vivido na década de 1920, talvez respondesse "o sistema dos bancos centrais" (o Federal Reserve) ou "o rádio". Já em meados da década de 1950, a resposta teria sido "o New Deal"[N.T.]; e mesmo agora, em 1990, poderia ter arriscado "a biotecnologia". Em cada uma das possibilidades, essa racionalização acompanhou um mercado de grande alta e precedeu uma queda fenomenal. O ponto principal no caso é que as "bolhas" de preço não são novidade, tampouco eventos únicos.

RESUMO

As emoções são uma parte importante do processo de tomada de decisão. Isso é especialmente verdade nas que envolvem um alto grau de incerteza, como as decisões de investimento. Às vezes, a emoção supera a lógica nesse processo. O excesso de otimismo faz os investidores subestimarem o risco e superestimarem o desempenho esperado. Os investidores otimistas tendem a buscar ações com bom histórico e a ser menos críticos, ao passo que os pessimistas, tendem a ser mais analíticos. O otimismo aumentado e extremado pode causar bolhas de mercado.

Perguntas

1. Como o fato de estar de bom ou mau humor influencia as decisões dele? Um investidor?

2. Como o otimismo e o pessimismo afetam os resultados da avaliação quantitativa dos preços?

3. Explique o viés da atribuição indevida e seus efeitos no comportamento referente aos investimentos.

Nota do tradutor: Programa de reformas sócioeconômicas lançado pelo presidente Roosevelt nos Estados Unidos, na década de 1930.

A Lógica do Mercado de Ações

Notas finais

1. Por exemplo, ver George Loewenstein, Elki U. Weber, Christopher K. Hsee e Ned Welch, "Risk as Feelings", *Psychological Bulletin* 127 (2001): 267-286; e Paul Slovic, Melissa Finucane, Ellen Peters e Donald MacGregor", The Affect Heuristic", in *Heuristics and Biases*: the Psychology of Intuitive Judgement, T. Gilvovich, D. Griffin e D. Kahneman (Ed.), New York: Cambridge University Press, 2002: 397-420.

2. Joseph P. Forgas, "Mood and Judgement: the Affect Infusion Model (AIM)", Psychological Bulletin 117 (1995): 39-66.

3. Antonio Damasio, Descartes' Error: Emotion, Reason, and the Human Brain, New York Avon, 1994; Antonio Damasio, D. Tranel e H. Damasio, "Individuals with Sociopathic Behavior Caused by Frontal Damage Fail to Respond Autonomically to Social Stimul" *Behavioral Brain Research* 41(1990): 81-94.

4. William Wright e Gordon Bower, "Mood Effects on Subjective Probability Assessment", *Organizational Behavior and Human Decision Processes* 52 (1992): 276-291.

5. Bruce Rind, "Effect of Beliefs About Weather Conditions on Tipping", *Journal of Applied Social Psychology* 26 (1996): 137-147

6. David Hirshleifer e Tyler Shumway, "Good Day Sunshine: Stock Returns and the Weather", *Journal of Finance* 58 (2003): 1009-1032.

7. Mark Kamstra, Lisa Kramer e Maurice Levi, "Winter Blues: a Sad Stock Market Cycle", *American Economic Review* 93 (2003): 324-343.

8. Para detalhes adicionais do evento, ver Gur Huberman e Tomer Regev, "Contagious Speculation and a Cure for Cancer: a Nonevent that Made Stock Prices Soar", *Journal of Finance* 56 (2001): 387-396.

9. Thomas Boehm, Judah Folkman, Timothy Browder e Michael O'Reilly, "Antiangiogenic Therapy of Experimental Cancer Does Not Induce Acquired Drug Resistance", *Nature* 390 (1997): 401-407.

10. Gina Kolata, "Hope in the Lab: a Special Report: a Cautious Awe Greets Drugs that Eradicate Tumors in Mice", *New York Times,* 3 maio 1998, p. 1.

11. Ralph King, "Novel Cancer Approach from Noted Scientist Hits Stumbling Block", *Wall Street Journal*, 12 nov. 1998, p.A1.

12. Para um debate mais amplo, ver Brad Barber e Terrance Odean, "The Internet and the Investor", *Journal of Economic Perspectives* 15 (2001): 41-54.

13. Bradford Cornell e Qiao Liu, "The Parent Company Puzzle: When is The Whole Worth Less Than One of the Parts?", *Journal of Corporate Finance* 7(2001): 341-366.

14. Robert Sobel, *The Big Board*: a *History of the New York Stock Market*, New York: The Free Press, 1965.

10

Autocontrole e tomada de decisões

Três anos consecutivos de prejuízos freqüentemente fazem com que os investidores com horizontes de trinta anos se transformem em investidores com horizontes de três anos; eles só pensam em cair fora.

Kenneth Fisher and Meir Statman[1]

Um ditado comum em Wall Street diz que os mercados são motivados pelo medo e pela ganância. De fato, este livro sugere que os investidores são influenciados por essas emoções. Porém, agir guiado por elas raramente é uma ação inteligente. Decisões que beneficiam os investidores, a longo prazo, normalmente são tomadas sem a interferência de emoções fortes. Na verdade, os investidores enfrentam eterna luta entre as decisões que tornam o presente mais agradável e outras que tornam o futuro mais agradável. Muitas delas exigem certo equilíbrio nessa troca. "Leio este livro agora ou mais tarde?"; "Compro um som novo ou invisto esse dinheiro no meu futuro?"

Richard Thaler e Hersh Shefrin descrevem o problema do autocontrole como a interação entre as duas metades que há no ser humano: o ser planejador e o executor[2]. O executor deseja consumir agora em vez de esperar até mais tarde, bem como adiar tarefas desagradáveis.

O planejador deseja deixar o consumo para mais tarde e completar tarefas desagradáveis agora. O conflito entre desejo e força de vontade ocorre porque as pessoas são influenciadas por preocupações racionais a longo prazo e por fatores emocionais a curto prazo.

Felizmente, as pessoas admitem que são suscetíveis à falta de força de vontade e a decisões tomadas no calor da emoção. Nossa sociedade está cheia de exemplos de quem reconhece a necessidade de ajuda para se autocontrolar. Exemplos comuns são as pessoas que lançam mão de clínicas de emagrecimento, Alcoólicos Anônimos, grupos contra o uso de drogas e outras organizações do gênero.

FOCO DE CURTO PRAZO *VERSUS* LONGO PRAZO

As pessoas gostam de ser recompensadas "no ato", ao passo que adiam tarefas desagradáveis, muito embora tal atitude dependa das circunstâncias. Considere o seguinte exemplo[3]: se perguntarem às pessoas, no dia 1.º de fevereiro, se preferem sete horas de uma tarefa desagradável no dia 1.º de abril ou oito horas no dia 15 do mesmo mês, elas dirão preferir uma quantidade menor de trabalho no dia 1.º de abril. No entanto, se a mesma opção lhes for apresentada na manhã de 1.º de abril, a maioria optará por adiar o trabalho até 15 de abril – ainda que isso signifique trabalhar mais no total. Quando as decisões envolvem o presente, as pessoas, com freqüência, adiam-nas, mesmo quando o adiamento envolve mais trabalho na data posterior.

Essa atitude pode afetar, também, as decisões de investimento. Por exemplo, a maioria das pessoas prefere ganhar US$ 50 de imediato a US$ 100 em dois anos, abrindo mão de um retorno anual de 41%. Por outro lado, quase ninguém prefere ganhar US$ 50 em quatro anos, em vez de US$ 100 em seis anos – apesar de ambas representarem a mesma opção, sendo a segunda postergada por quatro anos[4]. As pessoas parecem ver o presente de forma diferente do futuro, o que leva a muito desejo e a pouca força de vontade.

AUTOCONTROLE

A maioria das pessoas quer manter o autocontrole e pôr em prática as decisões que lhes dêem benefícios a longo prazo. No entanto, reconhecem que, às vezes, o desejo é mais forte do que a força de vontade. Portanto, usam muitas técnicas para ajudá-las a estruturar essa vontade. Classifico tais técnicas em dois grupos: regras práticas e controle do ambiente[5].

As pessoas lançam mãos de regras práticas para controlar seu comportamento. Quando há muita força de vontade, criam as regras racionalmente, à guisa de emoções. Nas situações em que dominam as emoções e o desejo, as pessoas valem-se dessas regras para exercer a força de vontade. Considere essas regras básicas:

- As pessoas controlam seus gastos lutando contra o desejo de esbanjar.
- Alcoólatras em recuperação não tomam sequer uma gota de álcool.
- Os aposentados controlam os gastos com a regra "não toque no principal".
- Os funcionários contribuem para seu plano de previdência pela regra "poupe muito, sem mexer em seu plano".
- Os investidores tentam controlar seu comportamento de negociação com a máxima "comprar na baixa, vender na alta".
- Os investidores tentam manter uma perspectiva de longo prazo durante mercados em baixa, com o pensamento "mantenha o curso".

As pessoas também controlam o ambiente que as cerca como forma de ajudar a força de vontade. Podem fazer isso removendo os objetos de desejo do entorno ou evitando situações que causem problemas de autocontrole. Entre os exemplos mais comuns, incluem-se:

- Quem faz dieta não tem biscoitos em casa.
- Quem é viciado em jogo evita ir a Las Vegas.
- Quem está sempre atrasado adianta um pouco o relógio.
- Quem tem problema para sair da cama coloca o despertador do outro lado do quarto para ser forçado a se levantar.

As pessoas sempre estão dispostas a incorrer em custos como forma de manter o autocontrole. Os atletas profissionais, por exemplo, ganham a maior parte de seus rendimentos durante curto período de tempo. Após ganhar milhões de dólares, alguns acabam falidos porque não conseguiram controlar o desejo de gastar. Para ajudá-los a impor limites nos gastos e estruturar seu autocontrole, há muitos que contratam agentes.

Outro bom exemplo são os fumantes médios. A maioria sabe perfeitamente que não deveria fumar muito, ou melhor, não fumar nada. Portanto, compram cigarros em maços como forma de limitar a quantidade fumada. Sairia muito mais barato comprar em pacotes, mas a maneira mais fácil de controlar o número de cigarros fumados é através dos que restam no maço. Apesar de ser mais caro, os fumantes estão dispostos a pagar o custo extra para controlar o ambiente que os cerca, tentando ter mais força de vontade.

ECONOMIAS E AUTOCONTROLE

É difícil economizar para a aposentadoria porque isso requer muito autocontrole. Em 1971, uma pesquisa constatou que 51% dos aposentados não tinham rendimentos provenientes de ativos financeiros, contra apenas 22% deles que os tinham. E a parcela proveniente de investimentos representava mais de 20% de seu rendimento total. A maioria dos aposentados não resistia ao desejo de consumir e fazia isso "no ato" durante os anos em que ganhava mais, ao passo que, quando se tratava de economizar para o futuro, sempre adiava para "depois"[6].

Parece que psicologicamente é mais fácil economizar quando se recebe uma "bolada" do que quando os rendimentos entram de maneira regular[7]. Considere duas pessoas; cada uma ganha US$ 25 mil por ano. A primeira os recebe em 12 parcelas mensais; já a segunda recebe US$ 20 mil em 12 parcelas mensais e, depois, uma bonificação de US$ 5 mil de uma só vez. Pressupondo que as duas tenham despesas equivalentes, ambas deveriam poupar a mesma quantia para sua aposentadoria, no entanto é mais provável que a que recebe a bonificação consiga economizar mais. É necessário um autocontrole muito maior para poupar do salário mensal[8]. Isso talvez explique por que o índice de poupança do Japão é mais alto do que o dos Estados Unidos – no primeiro, um percentual mais alto das economias provém das bonificações de fim de ano. Contudo, pode-se facilitar a tarefa de economizar mediante um simples mecanismo da dedução automática em folha ou em um plano de investimento.

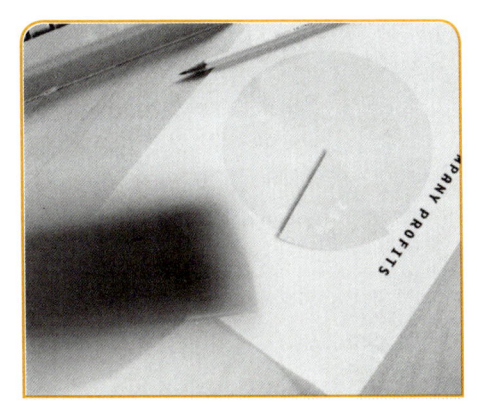

Isso também explica a propensão de conceder empréstimos sem juros ao governo – ou, em outras palavras, a maioria das pessoas paga impostos em excesso ao longo do ano e recebe uma restituição no ano seguinte. Em 1996, cerca de 76% dos contribuintes pagaram um total agregado de excedente nos impostos de US$ 117 bilhões. Tratando-se de juros antecipados, o valor é, sem dúvida, bem alto!

Seria muito fácil ajustar a taxa de retenção, segurando-se uma parcela maior da renda ao longo do ano, no entanto muitas pessoas preferem pagar a mais. Em um estudo de caso com 132 alunos de MBA, supondo-se que fossem assalariados, 43% deles optaram por pagar mais do que o imposto trimestral mínimo exigido[9]. As pessoas admitem que, se recebessem um aumento salarial de US$ 50, provavelmente o gastariam logo. Sabem que é mais provável que economizassem o equivalente a isso se o recebessem na forma de uma restituição de imposto de US$ 600.

PLANOS DE APOSENTADORIA AMERICANOS: 401(K) E IRA

A conta de aposentadoria Individual Retirement Account (IRA) e o plano corporativo 401(k) são duas modalidades de poupança que têm ajudado as pessoas a economizar e a investir no futuro, nos EUA. São planos simples de implementar e fornecem uma redução imediata na carga tributária. Além disso, as pesadas multas por retiradas antecipadas são o incentivo necessário para que se mantenha o dinheiro investido, com vistas à aposentadoria. A maioria das pessoas que investe em um desses dois planos volta a contribuir no ano seguinte[10], criando, assim, o hábito de "dar um empurrãozinho" em sua força de vontade.

É claramente racional contribuir para uma conta de aposentaria, como o plano previdenciário IRA. Os ganhos com os investimentos em uma conta desse tipo proporcionam o benefício do diferimento tributário porque não se pagam impostos sobre lucros nos rendimentos ou ganhos de capital auferidos a cada ano. Pelo contrário, pagam-se impostos sobre o valor resgatado de uma conta IRA somente na aposentadoria. Portanto, é melhor iniciar as contribuições para o IRA o mais cedo possível para que os benefícios auferidos com o diferimento dos impostos seja, também, o maior possível. Para se obter a dedução do imposto para o ano fiscal de 2006, por exemplo, deve-se contribuir em 1.º de janeiro desse mesmo ano, visando ao máximo de benefício pelo dinheiro investido no plano. No entanto, as pessoas não têm o autocontrole suficiente para investir logo no início do ano. A legislação fiscal permite que as contribuições sejam feitas até 15 de abril de 2007, para serem contabilizadas no ano fiscal anterior. De fato, a maioria das pessoas só contribui para uma conta IRA na última hora[11], pois precisam de um prazo final que as obrigue a exercer seu autocontrole.

A contribuição para um plano 401(k) também é considerada uma decisão acertada. No entanto, desde a instituição desse plano de aposentadoria, o mais difícil para seus gestores tem sido fazer com que os funcionários comecem a contribuir, isso porque a tendência natural das pessoas é ficar adiando e, quanto mais importante a decisão, mais probabilidade há de ser adiada[12]. Em geral, a pessoa acredita que, se levar um pouco mais de tempo analisando as opções, tomará uma decisão mais acertada. Esses contínuos adiamentos custam ao funcionário os dois fatores mais importantes para a construção de seu "pé-de-meia" para a velhice: tempo e capital investido.

O problema está se agravando devido ao aumento no número de opções disponíveis nos planos 401(k) das empresas. Todas começaram com três ou quatro opções: normalmente ações da própria companhia; um fundo conservador – DI, por exemplo; um fundo de renda fixa; e um fundo de ações. Porém muitos planos adotam, hoje em dia, famílias (ou "prateleiras") de fundos de investimento, com centenas de opções de fundos diferentes. Tamanha proliferação de opções de escolha induz a mais adiamentos. Para ajudar os funcionários com o autocontrole, há empresas que os inscrevem automaticamente nos planos no momento da contratação. Dessa maneira, embora muitos adiem a mudança no padrão de contribuição automática, ainda assim estarão investindo.

AUTOCONTROLE E DIVIDENDOS

Um velho enigma da teoria clássica das finanças pergunta: por que razão os indivíduos têm uma forte preferência por dividendos em dinheiro? Fica ainda mais enigmático se considerarmos que os dividendos são tributados em uma alíquota marginal maior do que os ganhos de capital.

Considere o exemplo na Tabela 10.1. Um investidor possui mil cotas de uma ação de US$ 100, totalizando US$ 100 mil. Se a ação paga 1% de dividendos, o investidor recebe US$ 1 mil, e o preço da ação cai para US$ 99. As mil ações passam a valer US$ 99 mil, pois o investimento pagou 1% de seu valor. A redução no preço da ação reflete o valor do dividendo pago. Entretanto, se o investidor é tributado em 20% sobre os dividendos, após os impostos ficará com apenas US$ 800. Em resumo, o investidor termina a transação com US$ 800 em espécie e US$ 99 mil em ações.

Considere agora outra alternativa. Pressupondo que a ação não pague dividendos, se o investidor quiser algum dinheiro, terá de gerar seus próprios dividendos vendendo 10 ações ao preço de US$ 100 cada, para receber US$ 1 mil em recursos. Isso é chamado de dividendos "feitos em casa", *homemade dividends*. Ao investidor sobrarão 990 ações, no valor de US$ 100 cada, num total de US$ 99 mil. Se ele não teve ganho de capital com as ações vendidas, não tem impostos a recolher e fica com os US$ 1 mil em caixa. Observe que o investidor se sai melhor quando cria seus próprios dividendos. Se a ação tivesse um custo de aquisição de US$ 50 e os ganhos de capital fossem tributados em 20%, essa pessoa estaria devendo US$ 100 em impostos. O investidor, ainda assim, fica em melhor situação quando cria seus dividendos "em casa".

Os investidores que desejam maximizar a riqueza e o fluxo de caixa devem buscar rendimentos através de dividendos "feitos em casa" em vez de dividendos verdadeiros, muito embora as pessoas, em geral, prefiram recebê-los em dinheiro. Esse comportamento é irracional nas finanças tradicionais, mas pode ser explicado pela psicologia dos investidores. A contabilidade mental os faz separarem os investimentos em diferentes contas imaginárias. Ao investir na conta imaginária de rendimento, eles compram ações, títulos e fundos de anuidade, que paguem altos dividendos, usando outra conta imaginária para os ganhos de capital.

A contabilidade imaginária é especialmente útil para quem precisa exercer o autocontrole. Uma pessoa aposentada pode admitir

Tabela 10.1 – Dividendos reais *versus* dividendos do tipo *homemade*, "feitos em casa"

	Dividendos recebidos	Dividendos "feitos em casa"
Número inicial de ações	1.000	1.000
Preço inicial por ação	US$ 100	US$ 100
Valor inicial da ação	US$ 100.000	US$ 100.000
Dividendo por ação	US$ 1	US$ 0
Rendimento dos dividendos antes dos impostos	US$ 1.000	
Dividendos ao vender 10 ações Rendimento pela venda de cotas antes dos impostos		US$ 1.000
Número final de ações	1.000	990
Preço por ação	US$ 99	US$ 100
Valor final da ação	US$ 99.000	US$ 99.000
Impostos Imposto sobre os dividendos (taxa de 20%)	US$ 200	US$ 0
Imposto sobre os ganhos de capital (taxa de 20%, 50% de ganho)	US$ 0	US$ 100
Rendimento após impostos	US$ 800	US$ 900

que sua riqueza tem de durar mais do que ela, isto é, ela não quer durar mais do que o dinheiro. Como pode sentir-se tentado a gastar demais, esse indivíduo coloca em prática uma regra básica simples que o ajuda no autocontrole: "nunca toque no principal". Trata-se de um lembrete muito útil para evitar excesso de gastos, muito embora possa, também, inibir o tipo de arquitetura mental criativa que aumenta a renda, como o uso de dividendos "feitos em casa".

VENCENDO OS VIESES

Este livro discutiu muitos vieses. Esta seção sugere estratégias para superar os que são considerados psicológicos.

Estratégia 1: Entender os vieses

Este foi o propósito dos oito capítulos anteriores : reconhecer seus próprios vieses e os dos outros é um passo importante para evitá-los.

Estratégia 2: Saber por que está investindo

Muitos investidores negligenciam esse passo simples do processo de investimento. A maioria deles tem apenas uma vaga noção de suas metas de investimento: "Quero ter bastante dinheiro para poder viajar ao exterior quando me aposentar"; "Quero poupar para custear os estudos universitários de meus filhos". Algumas vezes, as pessoas pensam em metas vagas de maneira negativa: "Não quero ser pobre quando me aposentar." Essas noções vagas ajudam muito pouco no direcionamento de quem quer investir e não servem para evitar os vieses psicológicos que inibem a tomada de decisões acertadas.

É importante estabelecer metas específicas e maneiras de as alcançar. No lugar de uma vaga idéia de "querer viajar após a aposentadoria", defina o que isso significa e a quantia de que precisará dispor. Por exemplo:

Com um rendimento anual de aposentadoria de, no mínimo, de US$ 75 mil, eu poderia fazer duas viagens internacionais por ano. Como receberei US$ 20 mil por ano da previdência social e de benefícios da aposentadoria, precisarei de uma renda dos investimentos da ordem de US$ 55 mil. Para conseguir isso, precisaria de um portfólio inicial de US$ 800 mil. Pretendo me aposentar daqui a dez anos.

É muito vantajoso ter metas específicas. Por exemplo, tendo em mente sua razão para investir, a pessoa tem uma visão mais abrangente a longo prazo, sendo capaz de controlar e medir seu progresso, para determinar se seu comportamento é condizente ou não com suas metas.

Estratégia 3: Ter critérios quantitativos de investimento

Ter uma série de critérios quantitativos de investimento permite que se evite investir levado por emoções, rumores, histórias e outros vieses psicológicos. Este livro não tem a intenção de recomendar uma estratégia específica de investimento, como investir em "valor" ou em "crescimento".

Tão importante quanto ter metas específicas de investimento é relacionar por escrito os critérios de investimento. Antes de comprar uma ação, compare os critérios da empresa que as emitiu com os seus próprios. Se a ação não atender a seus critérios, não invista.

Vejamos o exemplo do Clube de Investimentos Klondike, em Wyoming, discutido no Capítulo 8. Sua classificação como o "número 1" se dá em parte pelo fato de eles só tomarem decisões de compra com base em relatórios abalizados de pesquisa. Seus critérios evitam que sejam presa fácil de seus próprios vieses. Em contrapartida, o fracasso do Clube de Investidores da Califórnia deve-se, em parte, à ausência de critérios. Suas escolhas levam a decisões de compra que acabam sendo controladas pela emoção.

Ainda que se utilizem critérios quantitativos, os qualitativos também têm sua importância ao trazer informações sobre a qualidade da administração da empresa ou os novos produtos em desenvolvimento. Se uma ação atender aos seus critérios quantitativos, você poderá avaliar os fatores qualitativos.

Estratégia 4: Diversificar

Não é muito provável que você diversifique sua carteira da forma sugerida pela moderna teoria de portfólio, discutida no Capítulo 6. No entanto, quem tiver em mente algumas regras simples de diversificação certamente se sairá bem.

- *Diversifique tendo vários tipos de ações.* Uma diversificação razoável é, por exemplo, deter 15 ações de empresas de diferentes portes e situadas em diferentes setores da economia. Com um fundo de investimento diversificado, também se pode atingir essa meta, muito embora um portfólio com 50 ações de empresas de tecnologia não represente um portfólio diversificado – como tampouco é um que inclua cinco fundos de investimento de empresas desse setor.
- *Tenha muito poucas ações da empresa onde trabalha.* Seu capital humano – isto é, você – está "investido" nessa empresa, portanto sua renda já depende deles. Sendo assim, diversifique por inteiro, evitando as ações de seu empregador.
- *Invista também em renda fixa.* Um portfólio diversificado deve incluir alguns títulos ou fundos de investimento de renda fixa.

Diversificando dessa maneira, os investidores evitarão prejuízos trágicos que podem, realmente, ter grande impacto em sua vida. Além disso, a diversificação serve de blindagem contra os vieses psicológicos de ligação e familiaridade.

Estratégia 5: Controlar o ambiente de seus investimentos

Quem está de dieta não deve deixar uma caixa de chocolates sobre a mesa. Da mesma forma, quem quer superar seus vieses psicológicos de investimento deve controlar o ambiente.

Como no trabalho há muita gente que perde boa parte de seu tempo verificando o andamento de suas ações pelo computador, há empresas que agora limitam o acesso dos funcionários à Internet, para não se distraírem. Para controlar seu ambiente, é preciso limitar atividades que aumentem seus vieses psicológicos. Seguem-se algumas sugestões:

- *Verifique suas ações uma vez por mês.* Se agir assim, verificando uma vez ao mês e não de hora em hora, estará inibindo reações comportamentais do tipo "picada de cobra", "busca pela satisfação" ou apostar com o "dinheiro da banca".
- *Faça suas transações somente uma vez por mês, sempre no mesmo dia.* Escolha um dia no mês, dia 15, por exemplo, e faça suas transações de compra e venda sempre nesse dia. Com isso, evitará a idéia errada de que a rapidez é importante, já que ela só é importante para quem ouviu um boato sobre determinada ação e está correndo atrás para comprá-la antes que a bolha estoure. Além disso, fazer as transações apenas uma vez por mês ajuda a superar o excesso de confiança que atrapalha as negociações.
- *Analise seu portfólio anualmente, para ver se está consoante com seus objetivos específicos.* Ao analisar seu portfólio, tenha em mente os vieses psicológicos dos efeitos *"status quo"*, "doação", "representatividade" e "familiaridade". Será que cada um dos ativos de sua carteira contribui para o alcance dos objetivos de investimento e a manutenção da diversificação? Faça anotações para poder superar a dissonância cognitiva e outros vieses de memória.

REGRAS DE BOLSO

Procure implementar estas regras como forma de se proteger de seus próprios vieses psicológicos:

1. Evite ações vendidas a menos de US$ 5. A maioria das trapaças nos investimentos é feita com essas ações de preço irrisório.
2. Entenda que salas de bate-papo e quadros de mensagens foram criados como passatempo. No caso de investimentos, esses ambientes só servem para estimular seu excesso de confiança, aumentar a familiaridade e formar um "consenso social" completamente artificial.
3. Antes de fazer um lance em uma ação que não atende a seus critérios, lembre-se de que é pouco provável que você saiba mais do que o mercado. Se você investe fora de seus critérios é porque tem informações que os outros desconhecem... Mas tem certeza de que é esse o seu caso?
4. Lute para conseguir o mesmo retorno que o mercado. A maioria das negociações ativas é motivada pelo desejo de se obter retorno mais alto do que os demais. No entanto, as estratégias para esse fim normalmente estimulam os vieses psicológicos e acabam contribuindo para que se obtenham retornos mais baixos. Em contrapartida, são bem-sucedidas as estratégias de igualar o retorno do mercado (como, por exemplo, mediante uma carteira totalmente diversificada), pois estas inibem os nossos vieses.
5. Analise, ano após ano, os vieses psicológicos. Isso reforçará a primeira estratégia estudada neste capítulo.

Para investir com sucesso, é necessário bem mais do que meramente conhecer "tudo sobre as ações". A bem da verdade, é igualmente importante conhecer a si mesmo. Os investidores "instruídos na matéria" costumam falhar por permitir que seus vieses psicológicos controlem suas decisões. Este capítulo ilustra o problema de autocontrole, propondo algumas estratégias para vencer esses vieses.

COMO USAR OS VIESES EM SEU BENEFÍCIO

A maioria dos debates sobre vieses psicológicos, inclusive neste livro, concentra-se em mostrar que constituem um problema para o investidor e o que este deve fazer para superá-los. Entretanto, reorganizando o processo de investimento, alguns dos vieses podem ser usados a favor dos investidores. Por exemplo, em vez de montar um plano de previdência no qual as influências sociais e psicológicas inibem a contribuição dos funcionários, pode ser melhor montar um fundo de maneira tal que as influências os estimulem a contribuir.

O viés do *status quo* leva os funcionários a adiar a decisão de contribuir para a aposentadoria; e, de fato, muitos adiam tanto que acabam nunca contribuindo. Em lugar de fazer o funcionário ter a iniciativa de se inscrever, seria melhor inscrevê-lo automaticamente e deixar por conta dele as providências para se desengajar do plano[13]. Em vez de se empenhar em participar, seu ingresso é automático; quem não quiser participar que se esforce para se retirar. Uma política de inscrição automática em um plano de previdência resulta em um número substancialmente maior de funcionários participantes, muito embora a maioria se limite a contribuir com o nível inicial ou padrão de contribuição e de alocação. Um problema desse método é que alguns funcionários teriam participado de qualquer modo, sem que fosse de maneira automática. E é muito provável que contribuíssem com uma quantia mais alta, escolhendo uma alocação de ativos mais agressiva do que o fundo DI padrão. Mas o que lhes impede de mudar a alocação básica é o viés do *status quo*, ou seja, "já que está, deixa ficar". Portanto, essa inscrição automática dos funcionários nos planos ajuda a muitos, mas, certamente, prejudica a outros tantos.

Richard Thaler e Shlomo Benartzi propuseram uma abordagem em quatro passos, a que chamam de Save More Tomorrow (SMT), em português, "Poupe mais amanhã", que tem o mérito de superar vários dos vieses psicológicos[14]. Sugerem que os funcionários que não contribuem para o plano de previdência comecem a fazê-lo, seguindo certos pontos. Primeiro, pergunta-se, com bastante antecedência, se o funcionário está de acordo com o plano; com isso, sua decisão não tem conseqüência imediata alguma. Segundo, o plano começa com a anuência do funcionário em contribuir quando receber seu próximo aumento salarial ou promoção, com uma participação pequena (por exemplo, 2% de sua remuneração). Por estar combinando um aumento salarial com a contribuição, o funcionário consegue perceber um pequeno aumento no salário, mas também já começou a contribuir. Terceiro, ele concorda em aumentar a taxa de contribuição a cada novo aumento salarial, até atingir um teto máximo preestabelecido. Quarto e último passo da abordagem: o funcionário tem o direito de sair do plano a qualquer momento. Apesar de se esperar que ele não faça isso, o simples fato de poder sair, se assim desejar, deixa os funcionários mais à vontade para ingressar num plano desses. O plano SMT requer que os funcionários tomem decisões antes de começar a investir, e isso faz com que o viés do *status quo* funcione em seu benefício, pois não escolhem a opção de abandonar o plano.

Esse plano foi testado em uma fábrica de médio porte, cuja taxa de participação em planos de previdência era baixa. Os 315 funcionários poupavam, em média, 4,4% de seus rendimentos e foram estimulados a aumentar a contribuição para 5%. Para os que disseram não poder contribuir com os 5%, foi proposto o programa SMT. Este foi, então, disponibilizado para 207 funcionários, 162 dos quais concordaram em participar. O índice médio de poupança desses 162 era bastante baixo, apenas 3,5% de seus rendimentos. Já os restantes 153 funcionários que optaram por não entrar no SMT reagiram de duas formas: uns ficaram como estavam, enquanto outros fizeram um aumento de uma só vez em seu percentual de contribuição. Aqueles que não adotaram o programa, poupavam inicialmente, em média, 5,3%. O efeito da adesão ao plano foi significativo. Após três aumentos salariais, quem tinha aderido ao plano SMT aumentara sua contribuição média de 3,5% para 11,6%, ao passo que quem não entrara tinha aumentado de 5,3% para apenas 7,5%. O fantástico aumento da contribuição associado ao plano SMT foi muito benéfico para os funcionários, pois fez com que começassem a economizar mais para sua aposentadoria. Teve, também, um efeito bastante positivo para a diretoria da fábrica, já que a empresa estava na mira do Ministério do Trabalho, no tocante às vigentes regras antidiscriminatórias. Essas regras restringem o nível de contribuição do pessoal do alto, com salários mais elevados, quando é baixa a contribuição dos funcionários que recebem salários bem menores.

O desafio para os executivos da área financeira é justamente desenvolver mais programas nos quais os nossos próprios vieses psicológicos nos ajudem a tomar decisões acertadas – e, não, o contrário.

Perguntas

1. Como usar as regras básicas para evitar que se cometam erros induzidos pelos vieses psicológicos? Exemplifique.
2. Que vieses podem ser superados através de critérios quantitativos?
3. Que vieses podem ser superados quando as ações e a carteira de uma pessoa são analisadas com com menos freqüência?

A Lógica do Mercado de Ações

Notas finais

1. Kenneth Fisher e Meir Statman, "A Behavioral Framework for Time Diversification", *Financial Analysts Journal* (maio/jun.1999): 92.

2. Debate em Richard Thaler e Hersh Shefrin, "An Economic Theory of Self-Control", *Journal of Political Economy* 89 (1981): 392-406.

3. Exemplo proposto em Ted O'Donoghue e Matthew Rabin, "Doing It Now or Later", *American Economic Review* 89 (1999): 103-124.

4. George Ainsle, "Derivation of 'Rational' Economic Behavior from Hypoerbolic Discount Curves", *American Economic Review* 81 (1991): 334-340.

5. Idéias exploradas em Richard Thaler e Hersh Shefrin, "An Economic Theory of Self-Control", *Journal of Political Economy* 89 (1981): 392-406; e Stephen Hoch e George Loewenstein", Time-Inconsistent Preferences and Consumer Self-Control", *Journal of Consumer Research* 17 (1991): 492-507.

6. George Akerlof, "Procrastination and Obedience", *American Economic Review* 81 (1994): 1-19.

7. Richard Thaler, "Psychology and Saving Policies", *American Economic Review* 84 (1994): 186-192.

8. Richard Thaler e Hersh Shefrin, "An Economic Theory of Self-control", *Journal of Political Economy* 89 (1981): 392-406.

9. Benjamin Ayers, Steven Kachelmeister e John Robinson, "Why Do People Give Interest-Free Loans to the Government? An Experimental Study of Interim Tax Payments", *Journal of the American Taxation Association* 21(1999): 55-74.

10. Richard Thaler, "Psychology and Saving Policies", *American Economic Review* 84 (1994): 186-192.

11. Hersh Shefrin e Richard Thaler, "Mental Accounting, Saving, and Self-Control", in *Choice Over Time,* editado por George Loewenstein e Jon Elster, New Yourk: Russel Sage Foundation, 1992.

12. Discussão adaptada de Ted O'Donoghue e Matthew Rabin, "Choice and Procrastination", *Quarterly Journal of Economics* 116 (2001): 121-160.

13. Brigitte Madrian e Dennis Shea, "The Power of Suggestion: Inertia in 401(k) Participation and Saving Behavior", *Quarterly Journal of Economics* 116 (2001): 1149-1187.

14. Richard Tahler e Shlomo Benartzi, "Save More Tomorrow: Using Behavioral Economics to Increase Employees Savings", *Journal of Political Economy,* no prelo.